Andrea Erkert · Ilka Röhling

PSST, MANCHMAL IST AUCH LEISE SCHÖN!

Ruhemomente im Kindergarten schaffen

Kaufmann

INHALT

SCHAUT HER, ES IST ZU LAUT!   37

RUHEMOMENTE & GLÜCKSGEFÜHLE   49

ES KOMMT AUF DEN TON AN   63

SICH OHNE VIELE WORTE VERSTEHEN 77

WERTVOLLE TIPPS UND ANREGUNGEN 92

Was Sie sonst noch tun können, um die Lautstärke zu reduzieren

VORWORT

Lauthals über Blödsinn lachen, vor Freude schreien, nach Herzenslust toben, vor Wut die Stimme erheben oder gar weinen sind ein paar typische Verhaltensweisen, die zur gesunden Entwicklung eines Kindes beitragen und somit wünschenswert sind. Dabei gilt: Umso jünger die Kinder in Ihrer Gruppe sind, desto lautstarker bewegen sie sich. Indem sie einerseits voller Freude und Tatendrang ihre Welt erforschen und gemeinsam mit anderen in der Gruppe spielen, fällt es ihnen andererseits häufig noch schwer, sich selbst zu regulieren. Jedes Kind kann mal die Beherrschung verlieren in der Hoffnung, sich so behaupten und dabei seinen Willen durchsetzen zu können. Zudem macht es Kindern einfach viel Spaß, auch mal das zu tun, wonach ihnen gerade der Sinn steht, sodass es hin und wieder etwas turbulenter und wilder in der Gruppe zugehen kann.
Unabhängig davon ist eine gewisse Geräuschkulisse im Kindergarten immer vorhanden und nicht besorgniserregend. Schließlich geht Spielen nur selten leise.

Was aber können Sie tun, wenn es in der Gruppe viel zu wuselig und zu laut wird? Wenn ermahnende Worte nicht helfen und sich der Lärmpegel einfach nicht herunterdrehen lässt? Die Frage ist sicherlich nicht mit einem Satz zu beantworten, zumal der Geräuschpegel in der Gruppe dem subjektiven Empfinden unterliegt. Sollten Sie allerdings das Gefühl haben, dass es Ihnen und den Kindern zu laut und dadurch zu viel ist und die Geräuschkulisse zu einer Belastung wird, liegt es in der letzten Konsequenz an Ihnen, die Situation so zu beeinflussen, dass das Gehör entlastet wird und dabei trotzdem der Spielspaß erhalten bleibt.

Das vorliegende Buch bietet hierzu eine Reihe von wertvollen Praxisideen, die zu einem leiseren Gruppenalltag beitragen, sodass sich vor allem auch jüngere Kinder wesentlich besser auf eine Sache einlassen können. Ziel ist es, dass alle auf ihre Kosten kommen, sich wohlfühlen und nicht zuletzt die Kinder viel fröhlicher und entspannter miteinander spielen können. Es lohnt sich also, aus akustischer Sicht den Gruppenalltag so zu gestalten, dass sich die Kinder nicht gegenseitig übertönen müssen, um sich Gehör zu verschaffen und letztendlich als Persönlichkeit wahrgenommen zu werden.

ZUM AUFBAU DES BUCHES

Das Buch enthält sechs Kapitel mit relevanten Hinweisen für die Praxis. Jedes Kapitel umfasst passende praxiserprobte Spielideen, die sich für **Kinder im Alter von 3 bis 6 Jahren** anbieten. Darüber hinaus werden Ihnen im Anhang verschiedene **Tipps und Anregungen für eine effiziente Lärmminderung durch raumakustische, organisatorische und pädagogische Maßnahmen** vorgestellt.

Das erste Kapitel **„Der achtsame Anfangskreis"** zeigt, wie Sie eine kleine oder größere Kindergruppe zum entspannten Ankommen und intensiven Zuhören im Sitz- oder Stehkreis einladen können. Auf diese Weise werden auch die Freude und die Lust auf das Kommende gesteigert.

Das zweite Kapitel **„Wer kann den Klang hören?"** widmet sich einfachen Stilleübungen und Wahrnehmungsspielen, die u. a. die akustische Aufmerksamkeit, das Richtungshören und das intensive Zuhören fördern. Die Kinder sollen nicht nur ihre Ohren spitzen, sondern vor allem Ruhe als etwas Positives erleben.

Das dritte Kapitel **„Schaut her, es ist zu laut!"** hält vielfältige Spielideen bereit, die Ihnen helfen, ohne erhobenen Zeigefinger den Lärmpegel in der Gruppe zu senken. Spielerisch wird auch gezeigt, wie Kinder anderen ohne viel Geschrei und Streitereien bewusst machen können, dass sie sich in dem, was sie gerade tun, gestört fühlen.

Im vierten Kapitel **„Ruhemomente und Glücksgefühle"** gibt es zahlreiche Angebote und Spielideen zum Ruhigwerden, Entspannen und Träumen. Indem die Kinder erst einmal selbst innerlich zur Ruhe kommen, werden sie sich viel leichter auf andere einlassen können. So wird ihnen ermöglicht, Gesprächsinhalte und Informationen von anderen Personen leichter aufzunehmen, zu verarbeiten und verstehen zu können.

Das fünfte Kapitel **„Es kommt auf den Ton an"** enthält Spielideen, die Kindern zeigen, wie sie gemeinsam relevante Gesprächsregeln für ein gutes Miteinander finden können. Dabei lernen sie auch, wie man es schafft, auch mal abzuwarten und somit nicht alles sofort zu sagen, was einem gerade in den Sinn kommt.

Das sechste Kapitel **„Sich ohne viel Worte verstehen"** enthält einfache Teamspiele, die das gute Miteinander fördern und die zum Teil auch ganz ohne Worte auskommen. Dabei sollen die Kinder schöne, ruhige Momente für sich selbst und in der Gemeinschaft entdecken, genießen und wertschätzen lernen.

KAPITEL 1

DER ACHTSAME MORGENKREIS

Kleine Rituale zum Ankommen, Ruhigwerden, Sich-gegenseitig-Wahrnehmen und -Begrüßen

Der Klassiker der 360-Grad-Kommunikation im Kindergarten ist sicherlich der Kreis, der viele nennenswerte Vorteile hat: Sie können schnell mit allen Kindern ins Gespräch kommen und erkennen, wem es vielleicht gerade nicht so gut geht oder wer einfach noch ein bisschen Zeit braucht, um in der Gruppe anzukommen. Zudem können Sie den Kreis gemütlich gestalten und schmücken, damit sich die Kinder sofort wohl- und zugehörig fühlen können.

Im ersten Kapitel erhalten Sie nun jede Menge Praxisideen zum Begrüßen und Warmwerden. Indem die Kinder von Anfang an die Verbundenheit in der Gruppe spüren, werden sie sich ohne viel Zutun aufeinander einlassen und gegenseitig zuhören können.

DEN TAG BEGRÜSSEN
BEGRÜSSUNGSSPIEL

Alter ab 3 Jahren

Alle Kinder knien sich auf den Boden und sind mucksmäuschenstill. Rufen Sie nun der Reihe nach die einzelnen Kinder auf, die sich dann hinstellen. Erst wenn alle Kinder zusammen im Kreis stehen, sagen Sie laut:

„Lasst uns den neuen Tag begrüßen hier im Kreis.
Wir sagen einfach ‚Hallo!', nicht laut, sondern leis!"

Im Anschluss daran sagen alle Kinder leise „Hallo!" und winken sich gegenseitig zu.

VARIANTE

Alle Kinder stehen im Kreis beisammen. Rufen Sie nun willkürlich die einzelnen Kinder auf, die einen großen Schritt nach vorne machen. Erst wenn alle wieder zusammen im Kreis stehen, sagen Sie ganz leise die oben genannten Sätze. Die Kinder sagen dann ebenso leise „Hallo!" und winken sich dabei gegenseitig zu.

LANGSAM ANFANGEN
BEGRÜSSUNGSSPIEL

Alter ab 3 Jahren

Die Kinder sitzen im Kreis beisammen. Sagen Sie nun folgenden Spruch auf:

„Wir fangen langsam an.
… (Vorname eines Kindes einsetzen) ist nun dran!"

Das Kind, das Sie gerade benannt haben, darf nun die Gruppe leise begrüßen, indem es z.B. „Guten Morgen!" oder „Hallo!" sagt. Danach setzt sich das Kind im Schneidersitz auf den Boden.
Im Anschluss daran wiederholen Sie den Spruch und benennen dabei ein neues Kind, das genauso ruhig und gelassenen die übrigen Kinder aus der Gruppe begrüßen darf.

Auf diese Weise geht es immer weiter, bis alle Kinder zusammen im Schneidersitz im Kreis sitzen und schließlich von Ihnen herzlich begrüßt werden.

LEISE KLANGREISE
BEGRÜSSUNGSSPIEL

Alter ab 4 Jahren
Dazu brauchen Sie 1 Triangel

Die Kinder stellen sich in einem Kreis auf. Eines der Kinder erhält von Ihnen die Triangel und schlägt diese an. Dabei geht das Kind möglichst leise links im Kreis herum. Es bleibt stehen, sobald der Klang verklungen ist. Das Kind begrüßt nun dasjenige Kind, das sich direkt neben ihm befindet. Das ausgewählte Kind erhält die Triangel, bevor beide ihre Plätze tauschen. Danach führt das Kind, das jetzt im Innenkreis steht und die Triangel in den Händen hält, das Spiel fort, indem es die Triangel anschlägt und dabei im Uhrzeigersinn so lange herumgeht, bis der Klang verklungen ist.
Auf diese Weise geht es immer weiter, bis alle Kinder wenigstens einmal mithilfe der Triangel begrüßt wurden.

VARIANTE

Ein beliebiges Kind im Kreis erhält von Ihnen die Triangel, die es anschlägt. Während nun der Klang zu hören ist, wandert die Triangel so lange behutsam im Uhrzeigersinn von Hand zu Hand herum, bis der Klang verklungen ist. Das Kind, das in diesem Moment im Besitz der Triangel ist, wird von der Gruppe begrüßt. Danach schlägt das betreffende Kind die Triangel an und wiederholt das Klangspiel. Erst wenn alle Kinder einmal begrüßt wurden, ist das Spiel beendet. Sollte jedoch ein Kind die Triangel erhalten, das bereits begrüßt wurde, übergibt es einfach die Triangel einem anderen Kind, das noch nicht an der Reihe gewesen ist.

MORGENPOST
BEGRÜSSUNGSSPIEL

Alter ab 5 Jahren

Das erste Kind beginnt und sagt zu seinem linken Nachbarskind „Guten Morgen!" oder einfach „Hallo!". Danach flüstert es dem betreffenden Kind noch ein paar nette Worte ins Ohr, indem es z. B. sagt: „Ich wünsche dir einen schönen Tag!" oder „Schön, dass du da bist!".
Danach setzt das zweite Kind das Spiel auf die gleiche Weise bei demjenigen Kind fort, das links neben ihm im Kreis sitzt.
Wenn alle Kinder an der Reihe gewesen sind, ist das Flüsterspiel beendet.

PSST! ICH BEGRÜSSE ...
BEGRÜSSUNGSSPIEL

Alter ab 3 Jahren
Dazu brauchen Sie 1 Softball

Alle Kinder sitzen mit leicht gespreizten Beinen zusammen im Kreis. Holen Sie sich einen Softball und setzen Sie sich zwischen zwei Kinder. Suchen Sie sich nun in Gedanken irgendein Kind aus und sagen dann im Flüsterton:

„Psst! Ich begrüße jetzt ... (Vorname des Kindes benennen)!"

Rollen Sie nun dem betreffenden Kind den Ball zu. Danach rollt das Kind den Ball wieder zu Ihnen zurück, sodass Sie das nächste Kind mithilfe des Balls genauso begrüßen können.
Das Spiel ist aus, sobald alle Kinder einmal von Ihnen den Ball erhalten haben und dabei ganz leise von Ihnen begrüßt worden sind.

VARIANTE

Alle stehen im Kreis beisammen. Begrüßen Sie leise ein beliebiges Kind, dem sie den Ball zurollen. Das Kind, das gerade den Ball hat, begrüßt so wie im vorherigen Spiel beschrieben ein anderes Kind, dem es nun den Ball zurollt. Es setzt sich dann im Schneidersitz auf den Boden.
Das betreffende Kind tut es ihm gleich und setzt somit das Ballspiel genauso fort.
Das Ballspiel ist beendet, sobald alle Kinder im Schneidersitz zusammen im Kreis sitzen.

SO KLINGT EIN SCHÖNER MORGEN
BEGRÜSSUNGSSPIEL

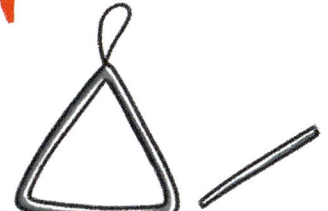

Alter ab 5 Jahren
Dazu brauchen Sie 1 Triangel

Holen Sie sich eine Triangel, bevor Sie sich zwischen zwei Kindern in den Kreis stellen. Schlagen Sie die Triangel einmal an, um die Aufmerksamkeit der Gruppe zu gewinnen und alle zu begrüßen. Danach wenden Sie sich dem Kind zu, das links neben Ihnen steht. Schlagen Sie nun die Triangel leise in der Nähe von dessen linken Ohr an. Danach sagen Sie ebenso leise:

„Guten Morgen, liebe(r) … (Vorname des Kindes benennen)! Schön, dass du da bist!"

Danach übergeben Sie die Triangel dem betreffenden Kind, das das Spiel auf die gleiche Art mit seinem linken Nachbarskind fortsetzen darf.
Die Triangel wandert nun so lange von Hand zu Hand im Uhrzeigersinn herum, bis Sie wieder im Besitz der Triangel sind und somit das Begrüßungsspiel beenden.

VARIANTE

Das Kind, das die Triangel gerade in den Händen hält, kann so wie im vorherigen Spiel beschrieben entweder sein linkes oder rechtes Nachbarskind begrüßen. Es kann jedoch auch im Innenkreis auf ein anderes Kind zugehen, um direkt vor ihm mit Blickkontakt die Triangel erklingen zu lassen. Nach der Begrüßung übergibt es ihm dann die Triangel und geht wieder stillschweigend auf seinen Platz zurück.
Ziel ist es, dass jedes Kind zumindest einmal die Triangel erhält und mit dieser ein Kind begrüßt.

SONNIGER AUSBLICK
EINSTIEGSSPIEL

Alter ab 5 Jahren
Dazu brauchen Sie 1 Klangschale, 1 Gymnastikreifen,
1 Chiffontuch für jedes Kind

Platzieren Sie eine Klangschale im Gymnastikreifen, der nun die Mitte des Kreises darstellt. Alle Kinder holen sich jeweils ein Chiffontuch und setzen sich im Schneidersitz zusammen im Kreis auf den Boden. Schlagen Sie nun die Klangschale an und benennen Sie, sobald der Klang verklungen ist, zwei bis drei Kinder der Reihe nach, die nun ihre Chiffontücher wie Sonnenstrahlen um den Reifen herum anordnen dürfen. Die betreffenden Kinder setzen sich direkt vor ihren Sonnenstrahl bzw. ihr Tuchende auf den Boden. Danach schlagen Sie erneut die Klangschale an und warten ab, bis der Klang verklungen ist. Benennen Sie zwei bis drei weitere Kinder, die sich mit ihren Sonnenstrahlen bzw. Tüchern auf den Weg machen dürfen.
Auf diese Weise wird das Spiel mit den Tüchern so lange fortgesetzt, bis die Gruppe zusammen im Kreis sitzt. Danach sagen Sie den folgenden Spruch auf:

„Wir starten mit ganz viel Sonnenschein.
Warm und schön soll es hier nun sein!"

WIR SIND NUN DA!
EINSTIEGSSPIEL

Alter ab 5 Jahren
Dazu brauchen Sie 1 Klangschale

Die Kinder drehen sich mit dem Rücken in Richtung Kreismitte. Eines der Kinder, hinter dem Sie im Innenkreis stehen bleiben und das Sie dann namentlich begrüßen, darf sich umdrehen. Danach gehen Sie zu einem anderen Kind, dass Sie auf die gleiche Weise begrüßen.
Erst wenn alle Kinder von Ihnen begrüßt wurden und so im Kreis stehen, dass sich alle gegenseitig anschauen können, lassen Sie die Klangschale erklingen. Ist der Klang verklungen, sagen Sie Folgendes:

„Wir sind nun da!
Wollt ihr mitmachen?
Dann sagt einfach ‚Ja!'"

Nachdem die Gruppe die Frage bejaht hat, können Sie gemeinsam mit den Kindern z. B. die nachfolgende Spielvariante durchführen.

VARIANTE

Die Kinder stehen wie zuvor beschrieben zusammen im Kreis. Sie sagen Folgendes:

„Eine Klangschale wandert nun leise im Kreis herum.
Wer sie bekommt, schlägt sie an und dreht sich um!"

Das Kind, das von Ihnen nun das Instrument erhält, schlägt die Klangschale an und reicht diese seinem linken Nachbarskind weiter, sobald der Klang verklungen ist. Das erste Kind dreht sich dann um, sodass es in Richtung Kreismitte blickt. Danach wiederholt das neue Kind das Klangspiel auf die gleiche Weise.
Sobald alle Kinder einmal die Klangschale anschlagen konnten und so zusammen im Kreis stehen, dass sie sich gegenseitig anschauen, sagen Sie zu der Gruppe laut:

„Wir sind nun alle da! Hurra! Hurra!"

WIR WOLLEN LEISE STARTEN
EINSTIEGSSPIEL

Alter ab 3 Jahren
Dazu brauchen Sie 1 Klangschale

Zu Beginn holen Sie sich eine Klangschale, mit der Sie sich in die Kreismitte begeben. Dort schlagen Sie die Klangschale an, um die volle Aufmerksamkeit der Kinder zu gewinnen. Ist der Klang verklungen, sagen Sie leise die beiden Sätze:

„Guten Morgen, ihr lieben Kinder im Kreis.
Wir fangen sofort an, jedoch machen wir das leis'!"

Sagen Sie den Kindern nun im Flüsterton, wie es gleich weitergehen kann. Dabei können Sie die Kinder zu dem nachfolgenden Spiel „Ziemlich leise" einladen.

ZIEMLICH LEISE
EINSTIEGSSPIEL

Alter ab 3 Jahren
Dazu brauchen Sie 1 Teddy

Während die Kinder im Kreis zusammenstehen, holen Sie einen Teddy. Gehen Sie nun mit dem Teddy in Richtung Innenkreis und dort auf ein beliebiges Kind zu. Dabei sagen Sie langsam und leise Folgendes:

„Ziemlich leise fängt es an!
Hallo! Die/Der … (Vorname des Kindes einsetzen) ist jetzt daran!"

Bleiben Sie vor dem betreffenden Kind stehen und geben ihm den Teddy. Tauschen Sie nun die Plätze mit dem Kind, das das Spiel auf die gleiche Weise mit einem anderen Kind fortsetzt. Es geht so immer weiter, bis alle Kinder einem anderen Kind ganz leise den Teddy zur Begrüßung überreichen konnten.

ANFANGEN, ABER RUHIG
EINSTIEGSSPIEL

Alter ab 3 Jahren

Dazu brauchen Sie 1 Klangschale

Die Kinder stehen direkt vor ihren Stühlen zusammen im Kreis, in dessen Mitte Sie die Klangschale platzieren. Schlagen Sie nun die Klangschale an und benennen Sie ein beliebiges Kind aus der Runde, das nun die Klangschale anschlagen darf. Es ruft dann ein neues Kind auf und geht wieder auf seinen Platz zurück, um sich auf seinen Stuhl zu setzen.

Auf diese Weise geht es immer weiter, bis alle Kinder zusammen im Stuhlkreis sitzen und sich gegenseitig die Hände geben.

Im Anschluss daran schlagen Sie ein letztes Mal die Klangschale an. Genießen Sie gemeinsam mit den Kindern den ruhigen Start im Stuhlkreis und die Verbundenheit in der Gruppe, die allein schon durch das Händefassen im Kreis symbolisiert wird.

VARIANTE

Im Gegensatz zum oben genannten Spiel gehen die Kinder der Reihe nach im Uhrzeigersinn in Richtung Klangschale, um diese anzuschlagen. Jedes Kind geht dann wieder wortlos auf seinen Platz zurück und setzt sich auf seinen Stuhl.

Erst wenn alle Kinder zusammen im Kreis sitzen und sich gegenseitig die Hände geben, begrüßen Sie leise ausgehend von der Kreismitte die Gruppe und schlagen dabei noch einmal die Klangschale an.

HALLO, SEGELFLIEGER!
EINSTIEGSSPIEL

Alter ab 5 Jahren

Alle Kinder stehen vor ihren Stühlen im Kreis. Eines der Kinder, das Sie benennen, stellt sich auf seinen Stuhl, den Sie mit beiden Händen gut festhalten. Sobald das Kind auf seinem Stuhl steht, darf es ein Segelflugzeug darstellen und dabei möglichst leise mit weit zur Seite ausgestreckten Armen in Richtung Kreismitte auf den Boden springen und sich schließlich auf seinen Stuhl setzen.
Auf diese Weise dürfen alle übrigen Kinder der Reihe nach möglichst geräuschlos „landen" und sich schließlich auf ihre Stühle setzen. Erst wenn alle zusammen im Kreis sitzen, sagen Sie Folgendes:

„Alle Segelflugzeuge sind gelandet ganz leis'.
Herzlich willkommen bei uns hier im Kreis!"

IM SCHNECKENTEMPO GEHT'S GUT
EINSTIEGSSPIEL

Alter ab 4 Jahren
Dazu brauchen Sie 1 Handtrommel, 1 Triangel,
 evtl. 4 Markierungskegel

Alle Kinder verteilen sich im Innenkreis. Während Sie nun langsam mit den Fingerspitzen auf der Handtrommel reiben, krabbeln die Kinder auf alle Vieren im Schneckentempo im Innenkreis, zwischen den Stühlen oder gar im Außenkreis herum. Begegnen sich zwei Kinder, stoppen sie direkt voreinander. Sie halten ihre ausgestreckten Zeigefinger, die die Fühler darstellen, an die Stirn. Dabei nicken sie etwas mit dem Kopf und schauen sich gegenseitig in

die Augen. Das geht so immer weiter, bis Sie die Triangel erklingen lassen. Sobald das Geräusch verstummt, sagen Sie leise:

„Alle Schneckenkinder haben sich nun gesehen.
Wie wird es wohl jetzt im Kreis weitergehen?"

Auf Ihre Anweisung krabbeln alle Kinder zu den Stühlen im Kreis und nehmen dort angekommen in aller Ruhe und in ihrem eigenen Tempo Platz. Danach verraten Sie den Kindern, wie es im Morgenkreis weitergeht. Sie können dafür z. B. eines der Wahrnehmungsspiele auswählen.

VARIANTE

Die Kinder spielen Schnecken und gehen zum langsamen Rhythmus des Trommelspiels auf einem überschaubaren Spielfeld spazieren, das Sie mithilfe von vier Markierungskegeln kennzeichnen können. Immer wenn zwei Kinder sich begegnen, bleiben sie voreinander stehen und halten ihre ausgestreckten Zeigefinger an die Stirn, die sogenannten Fühler. Sie nicken mit dem Kopf und gehen dann getrennt weiter im Takt des Trommelspiels. Sobald Sie jedoch mit dem Trommeln aufhören und den oben genannten Schlusssatz sagen, bilden alle Kinder einen Kreis und setzen sich Hand in Hand auf den Boden.

KLANGSCHÖN IN DEN TAG
EINSTIEGSSPIEL

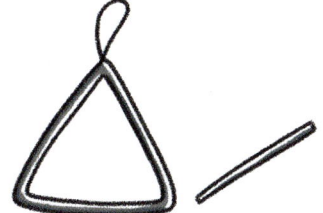

Alter ab 4 Jahren
Dazu brauchen Sie 1 Triangel

Während Sie die Stühle zu einem Kreis anordnen, verteilen sich alle Kinder im Raum. Danach setzen sich alle im Schneidersitz auf den Boden und tun so, als ob sie schlafen würden. Wer möchte, schließt dabei tatsächlich die Augen.
Gehen Sie nun mit einer Triangel in der Hand auf Zehenspitzen in Richtung eines Kindes, um es zu wecken. Lassen Sie dabei die Triangel leise am Ohr des Kindes erklingen. Ist der Klang verklungen, sagen Sie ebenso leise: „Schön, dass du da bist!" Das betreffende Kind öffnet, falls noch nicht geschehen, die Augen und geht leise in Richtung Stuhlkreis, um dort Platz zu nehmen. Sobald das Kind auf einem Stuhl im Kreis sitzt, setzen Sie das Spiel fort, indem Sie ein anderes Kind aufsuchen, das Sie mithilfe der Triangel wecken.
So geht es immer weiter, bis alle Kinder fröhlich zusammen im Kreis sitzen. Lassen Sie nun noch einmal die Triangel erklingen und heißen Sie die Gruppe herzlich willkommen.

LANGSAM MUNTER WERDEN
EINSTIEGSSPIEL

Alter ab 4 Jahren

Dazu brauchen Sie 1 Klangschale

Die Kinder sitzen zusammen im Kreis. Während sie so tun, als ob sie schlafen würden, holen Sie sich eine Klangschale, die sie in die Kreismitte stellen und von dort aus anschlagen. Sobald der Klang verklungen ist, bitten Sie die Kinder, ihre Augen zu öffnen. Danach schlagen Sie erneut die Klangschale an.

Die Kinder dürfen nun auf Ihre Anweisung hin Fäuste bilden, aufstehen und sich recken und strecken. Nach circa einer Minute bitten Sie die Kinder, sich wieder auf ihre Plätze zu setzen. Fragen Sie bei den Kindern nach, ob nun alle fit und munter sind. Falls nicht, dürfen die Kinder noch ein paarmal auf der Stelle hüpfen.

VARIANTE

Alle Kinder sitzen im Kreis beisammen und schließen, falls sie möchten, ihre Augen. Während Sie in der Kreismitte die Klangschale anschlagen, benennen Sie ein Kind aus der Gruppe, das, falls noch nicht geschehen, nun seine Augen öffnet. Unabhängig davon bildet das Kind Fäuste und reckt und streckt sich ausgiebig auf seinem Platz. Auf die gleiche Weise wecken Sie nun der Reihe nach auch die übrigen Kinder. Am Ende dürfen alle Kinder aufstehen und auf der Stelle hüpfen.

SANFTE MORGENKLÄNGE

EINSTIEGSSPIEL

Alter ab 4 Jahren
Dazu brauchen Sie 1 Klangschale

Für dieses Spiel brauchen Sie eine Klangschale, die Sie in der Kreismitte auf dem Boden platzieren. Während Sie nun die Klangschale mehrmals hintereinander leise anschlagen, geben die Kinder sich gegenseitig die Hände und gehen dabei links im Kreis herum. Wenn der Klang verstummt, bleiben die Kinder stehen und lauschen Ihren Worten:

„Sanfte Klänge früh am Morgen
vertreiben Kummer, vertreiben Sorgen.
Wir wünschen einen schönen Tag,
den ein jeder von uns wohl haben mag!"

WER IST NUN DRAN?

WAHRNEHMUNGSSPIEL

Alter ab 3 Jahren
Dazu brauchen Sie evtl. 1 Klangschale

Die Kinder stehen im Kreis vor ihren Stühlen. Indem Sie nun in die Kreismitte treten und laut bis vier zählen, deuten Sie der Reihe nach auf vier Kinder, die direkt nebeneinanderstehen. Im Anschluss daran sagen die ausgewählten Kinder erst „Hallo!" und nehmen dann im Stuhlkreis Platz. Daraufhin zählen Sie erneut vier weitere Kinder ab, die direkt nebeneinanderstehen. So geht es immer weiter, bis entweder alle zusammen im Stuhlkreis sitzen oder weniger als vier Kinder vor ihren Stühlen stehen. Im letzten Fall holen Sie sich eine Klangschale, die Sie in der Kreismitte anschlagen. Ist der Klang verklungen, sagen Sie ganz leise:

„Ihr seid keine vier!
Grüßen tun jetzt wir!"

Nun dürfen alle sitzenden Kinder die übrigen Kinder begrüßen, indem sie laut „Hallo!" sagen.

WER FEHLT DENN DA?
WAHRNEHMUNGSSPIEL

Alter ab 3 Jahren
Dazu brauchen Sie 1 Anwesenheitsliste

Die Kinder nehmen im Stuhlkreis Platz. Holen Sie sich die Anwesenheitsliste und nehmen Sie zwischen zwei Kindern im Stuhlkreis Platz. Danach sagen Sie laut:

„Wer fehlt denn da? Wer fehlt denn da?
Ist die/der … (Vorname des Kindes benennen) heute da?"

Sollte das betreffende Kind anwesend sein, darf es sich kurz per Handzeichen melden. Ansonsten sagen Sie laut: „Alles klar!" Danach wiederholen Sie die beiden Sätze, um auf die gleiche Weise herauszufinden, ob das nächste Kind auf der Liste heute im Stuhlkreis anwesend ist oder nicht.
Setzen Sie das Spiel so lange fort, bis alle Kinder aus der Gruppe, die heute da sein können oder nicht, von Ihnen auf diese Weise benannt wurden. Sollten jedoch alle Kinder auf der Liste im Stuhlkreis anwesend sein, fügen Sie noch kurz hinzu:

„Alle Kinder sind heute da"
Es fehlt niemand! Hurra!"

In diesem Fall können dann alle Kinder vor Freude in die Hände klatschen.

KAPITEL 2

WER KANN DEN KLANG HÖREN?

Wahrnehmungsspiele und Stilleübungen für zwischendurch, zur Förderung der akustischen Aufmerksamkeit

Unsere Ohren sind wahre Multitalente und permanent auf Empfang gestellt. Sie geben uns wichtige Informationen und sind in der Lage, verschiedene Geräusche voneinander zu unterscheiden und präzise zu bestimmen, woher sie kommen. Richtig hören ermöglicht den Kindern zudem, dass sie von klein auf am Leben teilhaben und somit auch wesentlich leichter soziale Kontakte knüpfen können.

Im zweiten Kapitel werden nun Wahrnehmungsspiele und Stilleübungen vorgestellt, die Kinder innerlich zur Ruhe kommen lassen. Sie üben, sich spielerisch auf eine Sache einzulassen, aufeinander Rücksicht zu nehmen und nicht zuletzt trainieren sie ihre Konzentration und steigern ihre akustische Aufmerksamkeit.

ES KLINGT SO SCHÖN
STILLEÜBUNG

Alter ab 5 Jahren
Dazu brauchen Sie 1 Klangschale

Zu Beginn platzieren Sie eine Klangschale auf dem Boden, um die sich die Kinder dann im Schneidersitz herumsetzen können.
Ein beliebiges Kind beginnt und schlägt die Klangschale an. Es übergibt den Schlägel dem Kind, das links neben ihm sitzt. Das betreffende Kind hat die Aufgabe, die Klangschale, während der Klang noch zu hören ist, erneut anzuschlagen. Danach übergibt es den Schlägel rasch seinem linken Nachbarskind, das das Klangspiel auf die gleiche Weise fortsetzt.
Ziel ist es, dass alle Kinder nacheinander im Uhrzeigersinn die Klangschale anschlagen, und zwar so, dass die Klangschale stets erklingt.

VARIANTE

Das Kind, das gerade den Schlägel in der Hand hat, schlägt die Klangschale erst an, sobald kein Klang mehr zu hören ist. Ansonsten verläuft alles so wie oben beschrieben.

KLANGERLEBNISSE
STILLEÜBUNG

Alter ab 5 Jahren
Dazu brauchen Sie 1 Klangschale

Die Kinder sitzen zusammen im Kreis, in dessen Mitte Sie sich mit einer Klangschale stellen. Während nun die Kinder ihre Augen schließen, halten Sie die Klangschale auf Ihrer flachen Hand. Dabei können Sie z. B. den Schlägel senkrecht halten und mit Druck nach innen um die Schale herumführen oder einfach mithilfe des Schlägels von außen unterhalb des Randes die Klangschale anschlagen. Je nachdem, wie Sie die Klangschale anschlagen, kann ein tiefer oder ein hoher Ton erzeugt werden. Die Kinder sollen die Klangerlebnisse einfach genießen und sich kurz per Handzeichen melden, sobald ein Klang besonders angenehm in ihren Ohren klingt.
Ziel ist es, dass die Kinder sich auf das Hörerlebnis einlassen, bewusst die einzelnen Klänge wahrnehmen und genießen und nebenbei innerlich zur Ruhe kommen.

KLANGGESCHENK
STILLEÜBUNG

Alter ab 3 Jahren

Dazu brauchen Sie 1 Klangschale

Die Kinder sitzen zusammen im Kreis, in dessen Mitte Sie eine Klangschale platzieren.
Rufen Sie ein beliebiges Kind auf, das in die Kreismitte treten und sich vor die Klangschale
knien darf. Es sucht sich ein weiteres Kind aus, in dessen Richtung es sich dreht und dabei sagt:
„Ich möchte … (Vorname des betreffenden Kindes benennen) einen Klang schenken."
Während nun das Kind in der Kreismitte die Klangschale anschlägt, dürfen alle Kinder ihre
Augen schließen und den Klang einfach genießen. Ist der Klang verklungen, steht das Kind im
Kreis auf und geht zu dem „beschenkten" Kind. Die beiden Kinder tauschen ihre Plätze, sodass
das neue Kind einem anderen Kind einen Klang „schenken" kann, indem es das betreffende
Kind genauso benennt und dann die Klangschale anschlägt.
Das Spiel ist aus, sobald alle Kinder einen Klang verschenkt und geschenkt bekommen haben.

KLANGLICHT
STILLEÜBUNG

Alter ab 4 Jahren

Dazu brauchen Sie 1 LED-Kerze, 1 Klangschale

Die Kinder sitzen um einen Tisch herum, auf den Sie eine Kerze stellen. Dunkeln
Sie den Raum etwas ab und bitten Sie ein Kind, die Kerze anzuschalten.
Während Sie nun die Klangschale erklingen lassen, schauen alle
Kinder auf die Kerze. Das Kind, das direkt vor der Kerze sitzt,
hat jetzt die Gelegenheit, die Kerze etwas intensiver in
Augenschein zu nehmen. Sobald jedoch der Klang
verklungen ist, rückt das Kind die Kerze einen Platz
nach links. Danach schlagen Sie erneut die Klangschale an.
Auf diese Weise geht es immer weiter, bis sich
die Kerze wieder vor dem ersten Kind befindet.

LICHTERFÜLLT
STILLEÜBUNG

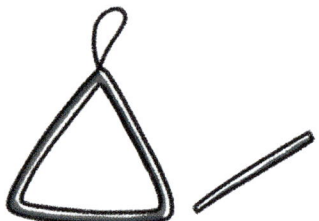

Alter ab 5 Jahren

Dazu brauchen Sie 1 LED-Kerze für jedes Kind, 1 Stoppuhr, 1 Triangel

Alle Kinder sitzen am Tisch und erhalten von Ihnen eine LED-Kerze, die sie anschalten und direkt vor sich auf dem Tisch platzieren können. Dunkeln Sie nun den Raum etwas ab. Die Aufgabe der Kinder besteht als Team darin, eine Minute lang die vor ihnen stehende Kerze einfach zu betrachten. Sie stoppen die Zeit und lassen nach einer Minute die Triangel erklingen. Schaffen die Kinder als Team die Aufgabe stillschweigend zu meistern? Ansonsten probieren sie es einfach als Team zu einem späteren Zeitpunkt noch einmal aus.

LICHTZAUBER
STILLEÜBUNG

Alter ab 3 Jahren

Dazu brauchen Sie 1 Wunderkerze, Feuerzeug, 1 Glas Wasser

Zu Beginn können Sie den Raum etwas abdunkeln. Die Kinder setzen sich dann in den Stuhlkreis, in dessen Mitte Sie sich mit einer Wunderkerze stellen. Danach sagen Sie Folgendes zu den Kindern:

„Ein Licht schenke ich euch nun im Kreis.
‚Guten Morgen!' sagen wir alle ganz leis."

Während nun alle Kinder zueinander leise „Guten Morgen!" sagen, entzünden Sie die Wunderkerze, mit der Sie nun ganz langsam und mit genügend Abstand zu den Kindern im Innenkreis herum gehen. Die Kinder dürfen sich an der brennenden Wunderkerze erfreuen.

WICHTIG Bevor Sie die Wunderkerze entzünden, stellen Sie Wasser zum Löschen bereit und besprechen mit den Kindern die Verhaltensregeln im Umgang mit Feuer.

RUHEMOMENTE ENTDECKEN
STILLEÜBUNG

Alter ab 5 Jahren
Dazu brauchen Sie 1 Stoppuhr

Immer vier bis sechs Kinder sitzen zusammen an einem Tisch. Die einzelnen Tischgruppen sollen auf Ihr Kommando hin einfach nur ruhig dasitzen und nichts tun. Welche Tischgruppe kann die Stille genießen und dabei die Seele baumeln lassen? Das ist mitunter gar nicht sich so einfach, da Kinder einen großen Bewegungsdrang haben und je nachdem, wie alt sie sind, noch nicht so viel Ausdauer und Geduld mitbringen. Umso größer ist die Freude dann, wenn es den Kindern als Team gelingt, die Aufgabe zu meistern.

VARIANTE

Die Kinder sitzen zusammen im Stuhlkreis. Schafft es die Gruppe als Team, eine Minute lang still im Stuhlkreis zu sitzen und dabei die Ruhe zu genießen? Am Ende darf jedes Kind sagen, wie es ihm dabei ergangen ist. War es schwer oder leicht, einfach nichts zu tun und ganz leise zu sein? Wie haben sie es geschafft, die Aufgabe zu erfüllen? Vielleicht haben die Kinder in Gedanken gezählt oder einfach an etwas Schönes gedacht, um die Wartezeit zu überbrücken?

WER WIRD KÖNIG*IN?
STILLEÜBUNG

Alter ab 3 Jahren

Dazu brauchen Sie 1 Timer oder Sanduhr
(60 Sekunden)

Die Kinder sitzen auf Ihre Anweisung hin aufrecht wie ein König oder eine Königin auf ihrem Thron bzw. Stuhl im Kreis. Dabei ruhen die Hände auf den leicht gespreizten Oberschenkeln. Die Füße stehen dabei so auf den Boden, dass die Schuhsohlen und -absätze Bodenkontakt haben.
Holen Sie sich nun einen Timer/eine Sanduhr, die Sie umdrehen und in der Kreismitte auf den Boden stellen, sodass alle Kinder beobachten können, wie der Sand langsam durchrieselt. Wer schafft es, eine Minute lang so aufrecht stillzusitzen? Die betreffenden Kinder erhalten dann von Ihnen einen lustigen Adelstitel wie z. B. „König*in der Stille" oder „König*in zur Inseln der Ruhe".

VARIANTE

Es wird nun ein Königspaar gesucht. Wählen Sie ein Pärchen aus, das das oben beschriebene Spiel Ihrer Meinung nach besonders ruhig und leise durchgeführt hat.

WOHLKLINGENDE RUNDREISE
STILLEÜBUNG

Alter ab 3 Jahren

Dazu brauchen Sie 1 Klangschale

Die Kinder setzen sich im Schneidersitz im Kreis auf den Boden. Holen Sie sich eine Klangschale, die Sie auf ihre flache Hand stellen. Bitten Sie die Kinder nun, ihre Augen zu schließen, schlagen Sie die Klangschale an und gehen dabei im Schneckentempo links im Innenkreis herum. Sobald der Klang verklungen ist, bleiben Sie stehen. Die Kinder dürfen auf Ihre Anweisung hin ihre Augen öffnen. Danach setzen Sie das Klangspiel fort, indem Sie die Kinder wieder bitten, ihre Augen zu schließen. Danach geht die Klangreise weiter. Schlagen Sie die Klangschale erneut an und gehen dabei sehr langsam im Innenkreis herum. Auf diese Weise geht es so lange weiter, bis Sie das Klangspiel beenden.

ZU ZWEIT RUHE ERLEBEN
STILLEÜBUNG

Alter ab 5 Jahren

Dazu brauchen Sie 1 Klangschale oder 1 Triangel, 1 Stoppuhr

Die Kinder sitzen jeweils zu zweit an einem Tisch. Auf Ihre Anweisung hin schließen alle die Augen und verhalten sich möglichst ruhig, so dass sich ihr jeweiliges Partnerkind nicht gestört fühlt.
Nach einer Minute beenden Sie die Stillübung, indem Sie die Klangschale und Triangel erklingen lassen. Die Kinder öffnen ihre Augen und berichten der Reihe nach, ob sie die Stille tatsächlich genießen konnten oder sie vielleicht auf irgendeine Weise von ihrem Nachbarskind gestört wurden.

HÖRST DU DEN REGEN?
WAHRNEHMUNGSSPIEL

Alter ab 4 Jahren

Dazu brauchen Sie 1 Regenmacher, 1 Klangschale
oder 1 Triangel, evtl. 4 Markierungskegel

Während Sie sich einen Regenmacher holen, verteilen sich die Kinder auf einem überschaubaren Spielfeld, das Sie zuvor mithilfe von vier Markierungskegeln kennzeichnen können.
Bei dieser Übung dürfen die Kinder ihre Augen schließen, um sich ganz bewusst auf das Regengeräusch einlassen zu können. Gehen Sie nun langsam im Gruppenraum herum. Bleiben Sie dann hinter einem beliebigen Kind stehen, um ein sanftes Regengeräusch zu erzeugen. Dabei halten Sie das Instrument waagerecht und drehen es dann langsam um, sodass es am Schluss senkrecht in der Hand liegt. Es soll sich lediglich das Kind, hinter dem Sie stehen, per Handzeichen zu erkennen geben. Wissen alle Kinder, wo es gerade „regnet" bzw. wo Sie das Instrument erklingen lassen? Alle übrigen Kinder zeigen in die Richtung der vermuteten Geräuschquelle. Zur Kontrolle öffnen alle Kinder ihre Augen. Danach darf sich ein Kind mit dem Regenmacher auf den Weg machen.
Nach drei bis vier Durchgängen beginnt dann die Sonne zu scheinen. Um dies zu signalisieren, lassen Sie mehrmals nicht ganz so laut eine Klangschale oder Triangel erklingen, deren Klang an die warmen Sonnenstrahlen erinnern soll.

VARIANTE

Alle Kinder verteilen sich im Gruppenraum und setzen sich im Schneidersitz auf den Boden. Sie bilden mit ihren Händen ein spitzes Dach über dem Kopf, da es „regnet". Dementsprechend lassen Sie das Instrument erklingen. Sobald jedoch das Instrument verstummt und die Kinder der Meinung sind, dass der „Regen" aufgehört hat, öffnen sie ihre Augen und stehen auf. Sie gehen ganz leise zu einem freien Stuhl am Tisch und setzen sich dann wortlos hin.

IM SCHNECKENTEMPO INS ZIEL

WAHRNEHMUNGSSPIEL

Alter ab 5 Jahren

Dazu brauchen Sie 1 Handtrommel

Zu Beginn laden Sie die Kinder zu einem gemütlichen Spaziergang durch den Gruppenraum ein. Zum Rhythmus eines langsamen Trommelspiels dürfen sich die Kinder schweigend und im Schneckentempo durch den Gruppenraum bewegen. Sobald das Trommeln stoppt, bleiben alle Kinder stehen und schließen die Augen. Indem Sie nun Ihren eigenen Körper als Instrument benutzen, können Sie z. B. mit den Fingern schnipsen, mit den Händen auf die Oberschenkel patschen oder gar mit der Zunge schnalzen. Danach bitten Sie die Kinder, ihre Augen zu öffnen. Wer kann das von Ihnen erzeugte Geräusch nachahmen und benennen? Die betreffenden Kinder melden sich per Handzeichen. Erst wenn diejenigen Kinder, die sich gemeldet haben, an die Reihe gekommen sind, lösen Sie das Rätsel auf, indem Sie das Geräusch wiederholen und schließlich laut benennen. Im Anschluss dran setzen Sie das Spiel mit der Trommel fort, bis diese wieder verstummt und Sie erneut ein Geräusch vorstellen.
Das geht so lange, bis Sie den gemütlichen Spaziergang durch den Gruppenraum für alle allmählich beenden.

KNISTERKISTE

WAHRNEHMUNGSSPIEL

Alter ab 3 Jahren

Dazu brauchen Sie 1 leere Kiste, 1 blickdichtes Tuch

Stellen Sie auf einen Tisch eine leere Kiste, über die Sie ein Tuch ausbreiten. Greifen Sie nun unter das Tuch, um ein Geräusch zu erzeugen. Dabei können Sie z. B. mit den Fingerknöcheln gegen eine Seite klopfen oder gar mit den Fäusten gegen den Kistenboden boxen. Eines der Kinder darf das Geräusch mithilfe der Kiste, aber ohne das Tuch nachmachen. Wurde das Ganze korrekt wiedergegeben, fängt das Spiel von vorne an. Ansonsten darf ein anderes Kind das vermutete Geräusche mithilfe der Kiste wiederholen. Auf diese Weise finden noch ein paar Spielrunden statt.

VARIANTE

Alle Kinder sitzen um einen Tisch herum. Bis auf ein Kind schließen alle Kinder ihre Augen. Das übrige Kind darf nun ein Geräusch mithilfe des Tisches erzeugen, indem es z. B. mit der Faust unter dem Tisch gegen die Tischplatte klopft oder mit den Fingern darauf herumkratzt. Danach öffnen alle Kinder wieder die Augen und versuchen der Reihe nach das vermutete Geräusch zu wiederholen, das das erste Kind am Ende noch einmal zur Kontrolle vormacht. Es finden auf diese Art noch ein paar Durchgänge statt, bei der jedes Mal ein anderes Kind ein Geräusch mithilfe des Tisches vorstellen darf.

LEISE HEREINKOMMEN
WAHRNEHMUNGSSPIEL

Alter ab 3 Jahren
Dazu brauchen Sie 1 Timer oder Sanduhr (3 Minuten)

Können die Kinder gemeinsam ohne „Pauken und Trompeten" den Gruppenraum betreten? Probieren Sie es einfach aus, sobald alle Kinder nach einem Spaziergang in die Einrichtung kommen, ihre Jacken und Straßenschuhe aus- und ihre Hausschuhe angezogen haben. Auf Ihre Anweisung hin dürfen die Kinder nun möglichst geräuschlos den Gruppenraum betreten. Als Anreiz für die Kinder, aber auch damit sie ein Gespür für Zeit erhalten, können Sie einen Timer/eine Sanduhr benutzen. Schafft es die Gruppe, die Aufgabe als Team innerhalb von drei Minuten zu bewältigen?

Loben Sie die Kinder ausgiebig, falls ihnen das gemeinsame Vorhaben gelingen sollte bzw. dafür, dass sie sich Mühe gegeben haben. Ansonsten klappt es vielleicht das nächste Mal, sobald wieder alle Kinder den Gruppenraum betreten sollen.

VARIANTE

Alle Kinder befinden sich vor dem Gruppenraum. Die Kinder dürfen nun der Reihe nach möglichst geräuschlos den Gruppenraum betreten. Sobald ein Kind auf seinem Platz sitzt, bitten Sie ein weiteres Kind herein. Wie viele Kinder werden es wohl schaffen, ganz leise den Gruppenraum zu betreten und sich auf ihren Platz zu setzen? Falls das nicht allen Kindern gelingen sollte, probieren Sie das Spiel einfach an einem anderen Tag noch einmal aus.

RUHIGE BALLONFAHRT
WAHRNEHMUNGSSPIEL

Alter ab 5 Jahren

Dazu brauchen Sie 1 Riesenluftballon, 1 Luftpumpe, ruhige Instrumentalmusik, evtl. 4 Markierungskegel

Zu Beginn blasen Sie einen Luftballon auf und verknoten Sie das Ende. Die Kinder verteilen sich auf einem überschaubaren Spielfeld, das Sie mithilfe von vier Markierungskegeln kennzeichnen können. Schalten Sie die Musik ein, die leise im Hintergrund läuft. Laden Sie nun die Kinder zu einer „Ballonfahrt" ein.

Erzählen Sie den Kindern, dass sie gemeinsam eine Ballonfahrt über die Alpen machen wollen. Es ist ein schöner sonniger Tag, sodass alle die Ballonfahrt besonders gut genießen können. Während nun die Musik im Hintergrund zu hören ist, gehen Sie langsam auf eines der Kinder zu, um ihm den Ballon zu übergeben. Danach bleiben Sie stehen und winken dem Kind nach, das nun die „Ballonfahrt" fortsetzt, indem es genauso langsam in Richtung eines anderen Kindes geht, um ihm dann den Ballon zu überreichen.

Ziel ist es, dass alle Kinder irgendwann an die Reihe kommen und dabei die langsamen Bewegungsabläufe mithilfe des Ballons ausführen können. Dabei ist die ruhige Musik im Hintergrund sehr hilfreich.

MÄUSE MÖGEN KÄSE
WAHRNEHMUNGSSPIEL

Alter ab 3 Jahren

Dazu brauchen Sie 1 Stück Käse aus Holz oder
Plastik, 1 Augenbinde

Die Kinder setzen sich im Schneidersitz im Kreis auf den Boden. Ein beliebiges Kind kniet sich
in der Mitte auf den Boden und lässt sich von Ihnen die Augen verbinden. Währenddessen darf
ein anderes Kind ein Stück Käse z. B. aus Holz aus dem Kaufmannsladen holen. Dieses „Käse-
stück" platziert es im Kreis zwischen zwei Kindern. Auf Ihr Kommando spielt das Kind, das die
Augen verbunden hat, eine Maus, die sich auf die Suche nach dem Käse macht. Schafft es das
Kind, auf allen Vieren und ohne zu sprechen den Käse zu finden? Die übrigen Kinder beobachten alles genau und dürfen leise wie Mäuse piepsen, sobald sich das „Mäusekind" in der Nähe
des Käses befindet.
Wurde die Aufgabe gut erfüllt, klatschen alle Kinder vor Freude in die Hände. Sollte das Kind
jedoch einen Ton von sich geben, ist das Suchspiel vorzeitig beendet.
Unabhängig davon, wie das Suchspiel letztendlich endet, darf ein neues Kind in die Rolle der
Maus schlüpfen und das Spiel beginnt von Neuem.

PLÄTZE LEISE TAUSCHEN
WAHRNEHMUNGSSPIEL

Alter ab 5 Jahren

Dazu brauchen Sie 1 Glocke mit Stiel

Alle Kinder stehen vor ihren Stühlen am Tisch. Ein Kind beginnt nun und geht möglichst geräuschlos direkt auf ein anderes Kind zu, um auf dessen Stuhl Platz zu nehmen. Das ausgewählte Kind sucht sich wiederum ein anderes Kind aus, das noch vor seinem Stuhl steht. Es geht
dann genauso leise auf das Kind zu, um auf dessen Stuhl Platz zu nehmen.
Auf diese Weise geht es immer weiter, bis alle Kinder ihre Plätze tauschen konnten und im
Stuhlkreis zusammensitzen. Sollte jedoch ein Kind in der Gruppe während des Spielverlaufs
viel zu laut sein, läuten Sie einfach die Glocke, sodass für alle Kinder das Spiel von vorne beginnt.

UNTER DEM REGENSCHIRM
WAHRNEHMUNGSSPIEL

Alter ab 4 Jahren

Dazu brauchen Sie 1 Regenmacher, ruhige Instrumentalmusik

Die Kinder sitzen zusammen im Stuhlkreis. Holen Sie sich nun einen Regenmacher und lassen Sie ruhige Instrumentalmusik im Hintergrund laufen, die beruhigend und harmonisierend zugleich ist.

Die Kinder dürfen, falls sie möchten, ihre Augen schließen. Stellen Sie sich mit dem Regenmacher in die Kreismitte und lassen das Instrument von Zeit zu Zeit erklingen. Dabei halten Sie den Regenmacher erst waagrecht und drehen ihn dann ganz langsam in die Senkrechte. Es entsteht ein angenehmes sanftes Regengeräusch. Die Kinder sollen, sobald sie den Regen hören, mit den Händen einen Regenschirm darstellen bzw. ein spitzes Dach über dem Kopf bilden. Sobald der „Regen" jedoch vorüber ist, lassen sie ihre Hände wieder auf den Oberschenkeln ruhen und genießen die ruhige Musik. Das Regenspiel ist aus, sobald die Musik ausklingt.

LEISE KLATSCHEN
WAHRNEHMUNGSSPIEL

Alter ab 4 Jahren

Dazu brauchen Sie 1 Handtrommel

Für dieses Spiel brauchen Sie eine Handtrommel, mit der Sie sich zwischen zwei Kindern in den Kreis setzen. Trommeln Sie nun leise einen einfachen Rhythmus vor, den die Kinder genauso leise durch Klatschen begleiten dürfen. Irgendwann jedoch verstummt die Trommel. Sollten nicht alle Kinder sofort mit dem Klatschen aufhören, wiederholen Sie das Spiel mit einem neuen Rhythmus, den Sie wieder mithilfe der Trommel vorstellen.

Auf diese Weise geht es weiter, bis es der Gruppe dreimal hintereinander gelingt, rechtzeitig mit dem Klatschen aufzuhören.

VARIANTE

Anstelle einen mit der Trommel vorgegebenen Rhythmus durch Klatschen leise zu begleiten, können die Kinder auf Ihre Anweisung hin auch im Takt leise mit den Füßen auf den Boden stampfen oder mit den Händen auf die Oberschenkel patschen.

WER HAT DAS VERSTANDEN?
WAHRNEHMUNGSSPIEL

Alter ab 5 Jahren

Die Kinder sitzen zusammen am Tisch. Sie platzieren sich so, dass alle Kinder einen freien und guten Blick auf Sie haben. Während Sie nun den linken Zeigefinger auf die geschlossenen Lippen legen, heben Sie die rechte Hand hoch. In diesem Moment wissen alle Kinder sofort, dass sie leise sein sollen. Flüstern Sie nun den Kindern einen kurzen Satz zu, z. B. „Schön, dass ihr heute da seid!".
Wer glaubt, den Satz richtig wiedergeben zu können, hebt die Hand. Rufen Sie eines der Kinder auf, das den Satz wiederholen möchte. Wurde der Satz korrekt wiedergegeben, darf das Kind das Flüsterspiel mit einem neuen Satz fortsetzen und somit Ihre Rolle übernehmen. Falls der Satz falsch wiedergegeben wird, können Sie ein anderes Kind bitten, es zu versuchen. Sollte das wieder nicht möglich sein, wiederholen Sie den Satz noch einmal, jetzt jedoch nicht mehr ganz so leise.
Auf diese Weise finden noch ein paar Spielrunden mit jeweils einem kurzen Satz statt.

VARIANTE

Im Gegensatz zum oben genannten Spiel benennen Sie lediglich ein Wort, das mit Ruhe verbunden wird, z. B. „Entspannung", „Stille" oder „Wald". Ansonsten führen Sie das Spiel so wie beschrieben durch.

KAPITEL 3

SCHAUT HER, ES IST ZU LAUT!

Praxisideen für mehr Ruhe und Konzentration

Wer sich konzentriert auf eine Sache einlassen möchte, braucht Zeit und Ruhe. Im Kindergarten können Sie natürlich nicht alle Störfaktoren auf Knopfdruck ausschalten. Vielmehr müssen Kinder entsprechend ihres Alters und Entwicklungsstandes lernen, sich nicht so schnell ablenken zu lassen. Trotzdem sollten die Kinder sich in einer normalen Lautstärke miteinander unterhalten, spielen und lernen können.

Im dritten Kapitel kommen vielfältige Praxisideen zum Einsatz, die den einzelnen Kindern helfen sollen, die eigene Lautstärke zu regulieren. Zugleich soll ihnen die Möglichkeit gegeben werden, auf sich aufmerksam zu machen, falls es ihnen selbst in der Gruppe zu laut wird und sie sich deshalb gestört fühlen sollten. Darüber hinaus wird gezeigt, wie Sie die Aufmerksamkeit der Kinder ohne erhobenen Zeigefinger gewinnen können, sodass alle wieder in der Lage sind, motiviert mitzumachen.

EINFACH TIEF DURCHATMEN
ATEMÜBUNG

Alter ab 5 Jahren
Dazu brauchen Sie 1 Luftballon

Sollte es im Morgenkreis mal so richtig turbulent zugehen, dann holen Sie sich einfach einen Luftballon, der bereits die Aufmerksamkeit der Kinder weckt. Blasen Sie den Luftballon auf und lassen Sie die Luft langsam wieder entweichen, sodass es quietscht. Spätestens jetzt werden alle Kinder nur noch Augen und Ohren für den Luftballon haben.
Bitten Sie nun die Kinder, auch mal so richtig Luft zu holen. Dazu stellen sich die Kinder etwas breitbeinig direkt vor ihren Stühlen im Kreis hin, atmen tief ein und möglichst doppelt so lange wieder aus. Wiederholen Sie das Ganze zwei- bis dreimal, sodass die Kinder relativ schnell wieder ruhiger, entspannter und gelassener werden.

ERST LUFT HOLEN, DANN REDEN
ATEMÜBUNG

Alter ab 5 Jahren

Sobald mehrere Kinder ganz aufgeregt und am liebsten gleichzeitig erzählen wollen, was ihnen auf den Herzen liegt, kann es ganz schön laut und hektisch werden. Diese kleine Atemübung, die Sie jederzeit zwischendurch durchführen können, wird wieder etwas mehr Ruhe in die Gruppe bringen:

„Stopp! Durcheinander geht's nicht gut.
Das bringt nur Hektik, Stress und Wut.
Lasst uns eine kleine Atemübung machen.
Danach reden wir in Ruhe über alle Sachen!"

Bitten Sie die Kinder nun, sich etwas breitbeinig hinzustellen, die Hände an den Bauch zu halten und dabei tief Luft zu holen. Nun atmen die Kinder möglichst doppelt so lange wieder aus und spüren dabei, wie sich die Bauchdecke hebt und senkt.
Allein schon durch diese Atemübung werden die Kinder viel ruhiger und entspannter, sodass sie sich nun gegenseitig besser zuhören können.

FRISCHE LUFT TUT GUT
ATEMÜBUNG

Alter ab 4 Jahren

Dazu brauchen Sie 1 Handtrommel

Wird die Raumluft als zu stickig und somit schlecht und verbraucht empfunden, dann kann aufgrund des zu hohen Kohlendioxidgehalts auch die Konzentrationsfähigkeit leiden. Lüften Sie den Gruppenraum und trommeln Sie die Kinder mit der Handtrommel einfach herbei. Stehen alle Kinder um Sie herum, dann bitten Sie die Kinder, sich vor das geöffnete Fenster zu stellen, um miteinander die frische Luft einzuatmen. Die Kinder stellen sich etwas breitbeinig hin, atmen tief ein und möglichst doppelt so lange wieder aus. Dabei können sie beim Einatmen ihre Arme weit über den Kopf ausstrecken und beim Ausatmen beide Arme seitlich wieder zum Oberkörper zurückführen. Währenddessen können Sie den Kindern erzählen, wie gut die frische Luft tut, die durch das Einatmen den Körper mit genügend Sauerstoff versorgt. Das Ganze wiederholen Sie zwei- bis dreimal, bevor alle wieder das tun, was sie begonnen haben. Dabei werden Sie rasch bemerken, dass die Kinder nun wesentlich munterer und viel konzentrierter bei der Sache sind.

HINWEIS Ein regelmäßiges Stoßlüften ist übrigens immer zu empfehlen, vor allem, wenn sich mehrere Menschen über eine längere Zeit in einem Raum aufhalten. Es senkt die Schimmelgefahr, spart Energie und hilft natürlich auch, Viren auszubremsen.

HALLO! BITTE LEISE SEIN!

FINGERSPIEL

Alter ab 3 Jahren

Setzen Sie das Fingerspiel ein, sobald es in der Gruppe zu laut wird. Dabei können die Kinder wie folgt mitmachen:

„Hallo! Bitte leise sein!

mit dem Zeigefinger auf den geschlossenen Mund tippen

Das wäre wirklich fein!
Das freut dann ganz arg mich

erst auf sich selbst und dann ...

und bestimmt freut's auch dich.

... auf ein anderes Kind deuten

So macht alles viel Freude
und bestimmt nicht nur heute!"

Daumen hochheben

LEISE WIE EINE MAUS
FINGERSPIEL

Alter ab 3 Jahren

Sie können dieses Fingerspiel einsetzen, sobald der Lärmpegel in der Gruppe steigt. Dabei dürfen die Kinder selbstverständlich mitmachen.

„Eins, zwei, drei und vier,

eine Faust bilden und ausgehend vom Daumen der Reihe nach vier Finger ausstrecken

viel zu laut sind wir!

mit dem Zeigefinger der anderen Hand rundherum auf die einzelnen Kinder deuten

Schluss, Ende und noch aus,

die vier Finger rasch wieder zu einer Faust zurückführen und die Hand dann hinter dem Rücken verschwinden lassen

alle sind so leise wie eine Maus!"

mit dem Zeigefinger der anderen Hand kurz auf den geschlossenen Mund tippen

ACHTUNG! ES GONGT!
WAHRNEHMUNGSANGEBOT

Alter ab 3 Jahren
Dazu brauchen Sie 1 Gong

Sobald Sie feststellen, dass es in der Gruppe viel zu laut wird, können Sie den Gong zum Einsatz bringen, indem Sie ihn kurzerhand anschlagen. Die Kinder wissen dann sofort, dass sie etwas leiser sein müssen, damit sich wieder alle in der Gruppe wohlfühlen können. Wissen die Kinder Bescheid, können Sie sie im nächsten Schritt dazu ermutigen, den Gong ebenfalls zu benutzen, sobald es ihnen zu laut in der Gruppe wird. Damit der Gong auch wirklich nur dafür gebraucht wird, bedarf es in der Regel etwas Übung und Zeit.

DAS FREUT MICH
WAHRNEHMUNGSANGEBOT

Alter ab 3 Jahren
Dazu brauchen Sie 1 Handtrommel

Sollen die Kinder z. B. im Morgenkreis oder während eines Angebots am Tisch etwas ruhiger sein, können Sie den folgenden Text aufsagen, bei dem Sie bei jeder Silbe leise trommeln:

„Könnt ihr etwas leiser sein, so wie ich?
kurze Pause und abwarten, bis alle tatsächlich leise sind

Schön! Daumen hoch!
erst wenn alle Kinder den Daumen hochheben, fügen Sie den Satz hinzu:
Darüber freue ich mich!"

EIN KLEINES ZEICHEN GEBEN
WAHRNEHMUNGSSPIEL

Alter ab 5 Jahren

Wird es im Morgenkreis zu laut, eignet sich das folgende Wahrnehmungsspiel. Wenden Sie sich dem links von Ihnen sitzenden Kind zu. Während Sie den rechten Zeigefinger auf den geschlossenen Mund legen, blicken Sie dem Kind stillschweigend in die Augen. Das Kind wendet sich dann seinem linken Nachbarskind zu und macht es Ihnen nach.
Auf diese Weise geht es immer weiter, bis jedes Kind ein „Leise"-Zeichen macht und somit sein linkes Nachbarskind höflich auf das Leisesein hinweisen konnte. Danach sind alle bestimmt wieder viel ruhiger und aufnahmefähiger.

GRÜN HAT VORFAHRT

WAHRNEHMUNGSANGEBOT

Alter ab 3 Jahren

Dazu brauchen Sie 2 weiße DIN-A4-Blätter, je 1 Wachsmalstift in Schwarz, Grün und Rot, 2 DIN-A4-Bilderrahmen zum Aufstellen, 1 Trillerpfeife o. Ä.

Zeichnen Sie zur Vorbereitung auf jedes Blatt Papier eine Ampel mit zwei Kreisen auf. Bei der ersten Ampel malen Sie den oberen Kreis in Rot und bei der zweiten den unteren Kreis in Grün aus. Rahmen Sie beide Ampeln ein.

Je nachdem, ob die Kinder gerade leise oder laut im Gruppenraum spielen, können Sie entweder das Bild mit der grünen oder der roten Ampel für alle Kinder gut sichtbar auf dem Gruppenraum-Schreibtisch aufstellen. Bei der roten Ampel können die Kinder zusätzlich durch ein akustisches Signal wie eine Trillerpfeife aufmerksam gemacht werden. Spätestens jetzt wissen dann alle Kinder, dass es viel zu laut im Gruppenraum ist. Zählen Sie in diesem Fall laut bis zehn, sodass alle Kinder eine realistische Chance haben, etwas leiser zu sein.

Sobald alle Kinder wieder ruhiger miteinander spielen, legen Sie das Bild mit der roten Ampel zur Seite und ersetzen Sie es durch die grüne Ampel, die den Kindern nun signalisiert, dass es mit der momentanen Lautstärke für alle gut weitergehen kann.

HASENGRUPPE

WAHRNEHMUNGSANGEBOT

Alter ab 3 Jahren

Dazu brauchen Sie 1 Heftgerät, für jedes Kind:
1 Krepppapierstreifen ca. 50 cm lang in Braun,
2 Pfeifenputzer in Braun, Wachsmalstifte in Weiß, Braun und Schwarz, 1 Schere

Mithilfe der braunen Krepppapierstreifen basteln Sie zur Vorbereitung für jedes Kind ein Stirnband, dessen Enden Sie zusammenheften. Die überstehenden Streifen schneiden Sie einfach ab. Die Kinder können ihre Stirnbänder noch anmalen. Formen Sie nun für jedes Kind mithilfe der braunen Pfeifenputzer zwei Hasenohren, die Sie dann links und rechts am Stirnband anbringen bzw. anheften.

Immer wenn Sie mit den Kindern im Morgenkreis Ruhe- und Entspannungsspiele durchführen oder einfach ein Bilderbuch vorlesen, dürfen alle Kinder ihr Hasenstirnband aufsetzen und sich passend dazu so leise wie ein Hase verhalten. Sollte ein Kind trotzdem viel lauter sein, dürfen die übrigen Kinder das Kind höflich auf seine Rolle als Hase hinweisen, der sich ruhig und leise verhält.

HÖR' AUF DAS GLÖCKCHEN
WAHRNEHMUNGSSPIEL

Alter ab 3 Jahren

Dazu brauchen Sie 1 Glocke mit Stiel

Es ist zu laut im Stuhlkreis? Dann holen Sie sich einfach eine Glocke mit Stiel und singen laut zu der Melodie des altbekannten Liedes „Alle meine Entchen" den folgenden Text:

„Alle meine Kinder
sitzen hier im Kreis, sitzen hier im Kreis.
Glöckchen ist zu hören,
wir sind jetzt ganz leis'!"

Am Ende übergeben Sie einem beliebigen Kind die Glocke, die es nun läuten darf.

LACHENDES GESICHT ODER NICHT?

WAHRNEHMUNGSANGEBOT

Alter ab 3 Jahren

Dazu brauchen Sie für jedes Kind: 1 rundes Faltblatt in Grün und Rot, 1 dicken Stift in Schwarz

Jedes Kind holt sich zur Vorbereitung einen grünen und roten Kreis aus Papier. Auf den grünen Kreis zeichnen sie ein lachendes Gesicht mit hochgezogenen Mundwinkeln und auf den roten Kreis ein trauriges Gesicht mit herunterhängenden Mundwinkeln. Sie sammeln die Kreise nun ein und schreiben den Namen des jeweiligen Kindes auf die Rückseite.

Zu Beginn eines Tischspiels erhält jedes Kind am Tisch von Ihnen seinen grünen Kreis, auf dem ein lachendes Gesicht zu sehen ist. Sollte sich das Verhalten einiger Kinder zu übertriebener Lautstärke ändern, dann bitten Sie die betreffenden Kinder, ihren grünen gegen ihren roten Kreis eintauschen. Sobald ein Kind sich wieder ruhiger und somit auch nicht zu laut verhält, bekommt es seinen grünen Kreis zurück. Die Kinder, die am Ende des Tischspiels jeweils einen grünen Kreis in den Händen halten, können zu Recht stolz auf sich sein und ernten von Ihnen ein dickes Lob. Alle übrigen Kinder erhalten beim nächsten Tischspiel wieder die Chance, sich so zu verhalten, dass sie ihren grünen Kreis nicht abzugeben brauchen.

MÄUSE SIND LEISE

WAHRNEHMUNGSSPIEL

Alter ab 3 Jahren

Dazu brauchen Sie 1 kleines Stofftier (ein Tier, das als „leise" gilt, z. B. Hase, Maus, Schnecke …)

Sobald die Kinder im Morgenkreis zu unruhig und laut werden, können Sie ein kleines Stofftier, z. B. eine Maus, zur Hand nehmen und dabei Folgendes sagen:

„Es ist zu laut hier im Kreis.
Wer ist wie die … (z. B. Maus) jetzt leis?"

Daraufhin dürfen die Kinder das Stofftier möglichst leise von Hand zu Hand im Kreis herumwandern lassen.

Erst wenn Sie das Stofftier wieder in den Händen halten und es in der Gruppe ruhiger und entspannter zugeht, wurde das Ziel erreicht. Ansonsten schicken Sie das Stofftier am besten gleich noch einmal im Uhrzeigersinn auf die Reise.

PSST! EIN HASE!

WAHRNEHMUNGSANGEBOT

Alter ab 3 Jahren

Dazu brauchen Sie 1 Stofftier (z. B. Hase) oder 1 Handspielpuppe (mit Behausung, z. B. einen Maulwurf mit Erdhügel), 1 Decke

Die Kinder sitzen zusammen im Morgenkreis. Breiten Sie in der Mitte eine Decke aus, auf der Sie ein Stofftier oder eine Handspielpuppe setzen. Je nachdem, ob die Kinder sich im Morgenkreis leise oder laut verhalten, bleibt das Stofftier oder die Handspielpuppe für alle sichtbar oder nicht. Denn sobald es Ihrer Meinung nach in der Gruppe zu laut wird, lassen Sie entweder das Stofftier unter der Decke oder die Handspielpuppe in ihrer Behausung verschwinden. Das Stofftier kommt erst wieder zum Vorschein, sobald die Gruppe sich leiser verhält.

STOPPSIGNAL

WAHRNEHMUNGSANGEBOT

Alter ab 5 Jahren

Dazu brauchen Sie 1 runden Bierdeckel oder 1 rundes Faltpapier in Rot für jedes Kind

Sobald die Kinder zusammen im Stuhlkreis sitzen, bekommen Sie von Ihnen jeweils einen runden Bierdeckel oder ein rundes Faltblatt in Rot. Sollte es einem Kind in der Gruppe irgendwann viel zu laut werden, hebt es den Bierdeckel bzw. das Stoppsignal für alle gut sichtbar in die Luft. Auf diese Weise wissen alle übrigen Kinder sofort Bescheid, dass sich das betreffende Kind aufgrund der Lautstärke gestört fühlt und sie deshalb aufeinander Rücksicht nehmen sollten. Erst wenn das Kind den Bierdeckel wieder zur Seite legt, wird das fortgesetzt, was die Kinder zuvor begonnen haben.

STOPPKARTE

WAHRNEHMUNGSANGEBOT

Alter ab 3 Jahren

Dazu brauchen Sie 1 DIN-A4-Tonpapier in Rot,
1 Stift in Schwarz

Falten Sie zur Vorbereitung ein DIN-A4-Blatt in der Mitte und schreiben Sie quer auf eine Hälfte in Druckbuchstaben „Stopp!" Die „Stopp!"-Karte können Sie im Stuhlkreis verwenden. Sollte die Gruppe im Stuhlkreis zu laut werden, stellen Sie die „Stopp!"-Karte direkt vor Ihre Füße. Strecken Sie nun Ihre Arme in Richtung Innenkreis aus und zwar so, dass die Kinder Ihre Handflächen sehen können. Warten Sie jetzt so lange ab, bis alle Kinder es Ihnen gleichtun. Erst wenn alle Kinder ein Stoppsignal setzen und somit nicht mehr so laut sind, lassen Sie die „Stopp!"-Karte wieder verschwinden. Danach setzen Sie das fort, was Sie mit den Kindern begonnen haben.

SONNE ODER REGEN?

WAHRNEHMUNGSANGEBOT

Alter ab 3 Jahren

Dazu brauchen Sie 1 Klangschale, 1 Regenmacher

Sobald alle Kinder zusammen im Morgenkreis sitzen und sich leise verhalten, schlagen Sie die Klangschale an. Ist der Klang verklungen, fangen Sie wie gewohnt im Stuhlkreis an. Sollte es jedoch irgendwann zu unruhig oder zu laut in der Gruppe werden, tauschen Sie die Klangschale gegen den Regenmacher aus, den Sie nun erklingen lassen. In diesem Moment wissen die Kinder, dass sie sich ruhiger bzw. leiser verhalten sollen.
Erst wenn die Kinder wieder leise sind, tauschen Sie den Regenmacher gegen die Klangschale aus, die Sie dann erneut anschlagen. Sollte der Regenmacher nicht mehr zum Einsatz kommen müssen, sollten Sie es nicht versäumen, die Gruppe ausgiebig zu loben.

TROMMELWIRBEL
WAHRNEHMUNGSSPIEL

Alter ab 3 Jahren

Dazu brauchen Sie 1 Handtrommel

Bemerken Sie, dass im Gruppenraum der Lärmpegel steigt, können Sie sich eine Handtrommel holen. Nach einem kurzen und intensiven Trommelwirbel können Sie Folgendes sagen und dabei bei jeder Silbe leise trommeln:

„Es ist wirklich sehr laut hier im Raum!
Es geht auch leiser, man glaubt es kaum!"

Sobald die Kinder sich wieder beruhigt haben, legen Sie die Trommel beiseite und teilen ihnen mit, dass so nun alles viel angenehmer in Ihren Ohren klingt.

WÜRFELN, ZÄHLEN UND RUHIG WERDEN
WAHRNEHMUNGSANGEBOT

Alter ab 3 Jahren

Dazu brauchen Sie 1 großen Würfel

Im Morgenkreis kann es hin und wieder etwas laut werden. Damit die Kinder sich wieder auf ein angefangenes Spiel oder eine andere Aktivität einlassen können, kann ein großer Würfel hilfreich sein. Bevor Sie den Würfel zum Einsatz bringen, sagen Sie laut:

„Das Spiel ist kurz aus,
ich hol' den Würfel raus!"

Würfeln Sie nun in Richtung Kreismitte. Je nachdem, welche Augenzahl Sie gewürfelt haben, machen Sie eine oder zwei Fäuste. Strecken Sie dann entsprechend die Anzahl an Fingern aus. Im Anschluss daran warten Sie kurz ab, bis es wirklich ruhig genug in der Gruppe ist. Ansonsten zählen Sie einfach noch einmal von vorne die Augen des Würfels, in der Hoffnung, dass alle Kinder sich wieder etwas beruhigen und insgesamt leiser sind.

KAPITEL 4

RUHEMOMENTE & GLÜCKSGEFÜHLE

Entspannungsspiele und -angebote, die Kindern zeigen, wie sie selbst zur Ruhe kommen können

Kinder sind tagtäglich mit einer Vielzahl von visuellen und auditiven Reizen konfrontiert, die verarbeitet werden wollen. Daher bedarf es auch ruhiger Momente, bei denen sie mental, emotional und körperlich zur Ruhe und Besinnung kommen können, um Energie zu tanken und somit auch wieder einander zuhören und aufeinander eingehen zu können.

Im vierten Kapitel werden verschiedene Praxisideen vorgestellt, die Kindern zeigen, wie sie sich nahezu überall selbst wahrnehmen, entspannen und ruhig werden können. Auf diese Weise lassen sich die Aufmerksamkeit, Konzentration und das Wohlbefinden steigern sowie ein gutes Körperschema aufbauen.

AM STRAND
ATEMÜBUNG

Alter ab 5 Jahren

Dazu brauchen Sie 1 Poster mit einem Strandbild

Zu Beginn zeigen Sie den Kindern ein schönes Strandbild. Die Kinder sollen sich nun vorstellen, wie sie auf dem weichen Sand gehen, das Meeresrauschen hören und die warmen, wohltuenden Sonnenstrahlen auf der Haut spüren. Sie blicken in Richtung Meer und genießen dabei die frische Meeresluft …

Während die Kinder nun tief durch die Nase einatmen, strecken sie ihre Arme über dem Kopf aus und „fühlen" die warme Meeresbrise auf der Haut. Dabei sollten sie dann möglichst doppelt so lange wieder ausatmen und die Arme senken. Danach können sie ihre Arme einfach ausschütteln und die Übung noch zwei- bis dreimal gemeinsam wiederholen.

AUF DEM BERG
ATEMÜBUNG

Alter ab 5 Jahren

Dazu brauchen Sie 1 Handtrommel

Die Kinder stehen zusammen im Kreis. Zu jedem Ihrer Trommelschläge heben Sie einen Fuß und tun so, als ob Sie auf einen großen Berg klettern würden.

Während Sie am Anfang etwas schneller trommeln, wird das Trommelspiel dann immer langsamer und somit auch die Bewegungsabläufe schwerfälliger. Irgendwann haben alle den Berggipfel erreicht und bleiben stehen, um sich auszuruhen und die schöne Aussicht zu genießen, die Sie in den schönsten Farben beschreiben können. Damit die Kinder die frische Bergluft so richtig tief einatmen können, dürfen sie sich etwas breitbeinig hinstellen und tief Luft holen. Dabei strecken alle Kinder ihre Arme weit nach oben. Während sie nun möglichst doppelt so lange wieder ausatmen, führen sie ihre Arme seitlich zum Oberkörper zurück. Nach einer kurzen Pause wiederholen die Kinder auf Ihre Anweisung hin die Atemübung, bevor sie den Berg wieder herunterklettern dürfen. Dadurch, dass es nun „abwärts" geht, dürfen Sie natürlich auch wieder etwas schneller trommeln.

WALDSPAZIERGANG
ATEMÜBUNG

Alter ab 5 Jahren

Die Kinder sollen sich einen Wald vorstellen, den sie miteinander betreten. Was gibt es alles im Wald zu entdecken? Die Kinder dürfen sich per Handzeichen melden und der Reihe nach erzählen, was ihnen besonders gut im Wald gefällt. Vielleicht sind es die Vögel, deren Gesang so intensiv zu hören ist? Vielleicht sind es auch die großen Bäume, die so viel Kraft und Ruhe ausstrahlen, oder die flinken Eichhörnchen, Rehe und Hirsche, die sie mit etwas Glück im Wald entdecken können?

Laden Sie nun die Kinder zu einem „Waldspaziergang" durch den Gruppenraum ein. Erzählen Sie dabei etwas über den Wald. Zwischendurch bleiben Sie dann gemeinsam mit den Kindern bewusst stehen, um die frische „Waldluft" einzuatmen. Dabei stellen sich die Kinder etwas breitbeinig auf den Boden und schließen, falls sie möchten, ihre Augen. Sie recken ihre Arme weit nach oben und atmen tief ein. Wenn sie ihre Arme langsam senken, atmen sie doppelt so lange wieder aus. Danach öffnen die Kinder, falls noch nicht geschehen, ihre Augen, um den Waldspaziergang in aller Ruhe fortzusetzen.

Nach drei bis vier Atempausen ist der Waldspaziergang beendet.

WOHLTUENDE SONNENSTRAHLEN
ENTSPANNUNGSGESCHICHTE

Alter ab 5 Jahren

Dazu brauchen Sie 1 Decke oder Isomatte für jedes Kind, 1 Klangschale

Die Kinder legen sich mit dem Rücken oder Bauch auf ihre ausgebreiteten Decken. Sie tun dabei so, als ob sie auf einer Wiese liegen würden. Erzählen Sie den Kindern nun, dass die Sonne angenehm warm auf sie herabscheint. Lassen Sie dabei mehrmals die Klangschale erklingen, deren warmer Klang an die wohltuenden Sonnenstrahlen erinnern soll. Gehen Sie dabei mit der Klangschale, die sie auf Ihrer Handfläche platzieren und mit dem Schlägel anschlagen, zwischen den einzelnen Kindern im Raum herum. Dabei können Sie auch die Landschaft in den schönsten Farben beschreiben. Vielleicht gibt es dort schöne Blumen zu entdecken oder Vögel, die vergnügt zwischen den Baumkronen herumfliegen. Erzählen Sie den Kindern immer wieder, wie gut die warmen Sonnenstrahlen auf dem Körper tun und wie einfach sie dadurch neue Kraft und Energie gewinnen können.
Nach einer Weile bitten Sie die Kinder, ihre Augen wieder zu öffnen. Die Kinder stehen am besten über die Seitenlage auf. Sie bilden Fäuste, recken und strecken sich ausgiebig.

EIN KLEINES NICKERCHEN
ENTSPANNUNGSSPIEL

Alter ab 4 Jahren

Dazu brauchen Sie 1 Decke oder Isomatte für jedes Kind, 1 Handtrommel, 1 Klangschale

Alle Kinder breiten ihre Decken im Gruppenraum aus. Zum Rhythmus Ihres Trommelspiels gehen die Kinder im Gruppenraum spazieren. Erzählen Sie den Kindern, was sie heute bereits getan haben. Berichten Sie den Kindern, wie Sie zu Hause z.B. gefrühstückt, Ihre Zähne geputzt, sich gewaschen und für den Kindergarten fertig gemacht haben. Dabei bleiben die Kinder immer wieder stehen, um das, was Sie sagen, pantomimisch darzustellen. Und wie sind die Kinder in den Kindergarten gekommen? Zu Fuß, mit dem Bus oder mit dem Auto?
Eine kleine Pause tut jetzt bestimmt gut, um wieder fit und munter zu werden. Die Kinder legen sich auf Ihre Bitte hin bequem auf ihre Decken/Isomatten und schließen, falls sie möch-

ten, die Augen. Lassen Sie nun die Klangschale erklingen. Ist der Klang verklungen, sagen Sie folgenden Spruch:

„Ein kleines Nickerchen tut gut,
gibt dir Kraft und neuen Mut!"

Nach circa einer Minute schlagen Sie mehrmals hintereinander leise die Klangschale an. Danach bleiben die Kinder noch kurz liegen, bevor sie wieder, falls noch nicht geschehen, ihre Augen öffnen und am besten langsam über die Seitenlage aufstehen. Die Kinder bilden auf Ihre Anweisung hin Fäuste, recken und strecken sich und sagen laut:

„Frisch ausgeruht bin ich.
Ja, so gut fühle ich mich!"

SCHAUKELBEWEGUNGEN
ENTSPANNUNGSSPIEL

Alter ab 3 Jahren
Dazu brauchen Sie 1 Klangschale

Die Kinder sitzen zusammen am Tisch oder im Stuhlkreis und machen zu dem unteren Entspannungsspiel, das Sie laut vorlesen, folgende Bewegungen:

„Wir schaukeln ganz langsam hin und her.
Das beruhigt und ist gar nicht so schwer.
*die Kinder neigen ihren Oberköper jedes Mal wenn die Klangschale ertönt
entweder zur linken oder rechten Seite*

Ganz langsam vor und zurück geht's dann.
Wir entspannen uns gut irgendwann.
*die Kinder bewegen jetzt zu jedem Klang ihren Oberkörper abwechselnd vor und
dann wieder zurück*

Nun können wir wieder ruhig sitzen bleiben.
Wir verstehen uns und können uns gut leiden."
alle Kinder bleiben auf ihren Stühlen sitzen und heben ihren rechten Daumen hoch

Erklären Sie den Kindern zum Abschluss, dass sie jederzeit langsame Schaukelbewegungen auf ihren Stühlen mit ihrem Oberköper machen können, um innerlich zur Ruhe und ins Gleichgewicht zu finden, sodass sie wieder besser zuhören können.

ZUHÖREN UND MANDALA MALEN
MALSPIEL

Alter ab 5 Jahren

Dazu brauchen Sie 1 unbedruckter Bierdeckel oder rundes Blatt für jedes Kind, Buntstifte, evtl. 1 Lochzange, Wolle, Schere

Im Kreis oder am Tisch ruhig sitzen bleiben und einfach zuhören ist gar nicht so einfach. Wesentlich leichter fällt es vielen Kindern, wenn sie nebenher ein Mandala malen dürfen, das nicht zwangsläufig etwas mit dem zu tun haben muss, was sie gerade vorgelesen oder erzählt bekommen. Vielmehr sollen die Kinder durch das Malen ruhig und entspannt werden, sodass sie, z. B. während Sie ihnen eine Geschichte vorlesen, nicht ständig mit ihren Stühlen wippen, andere stören oder Blödsinn machen müssen.
Verteilen Sie an jedes Kind einen Bierdeckel oder ein rundes Blatt sowie die Buntstifte, bevor Sie eine Aktion durchführen, bei der das Zuhören oder Stillsitzen im Vordergrund steht. Die Kinder können nun z. B. ausgehend von der Mitte darauf bunte Ringe malen.
Am Ende können Sie am oberen Rand eines jeden bemalten Bierdeckels oder runden Blattes ein Loch stanzen, durch das Sie dann einen Wollfaden ziehen. Die beiden Enden verknoten Sie nun miteinander zu einer Kette, sodass jedes Kind seine Mandala-Kette um den Hals hängen und mit nach Hause nehmen kann.

ENTSPANNT TANZEN
MEDITATIVER TANZ

Alter ab 5 Jahren

Dazu brauchen Sie ruhige Instrumentalmusik,
1 Klangschale, 1 Chiffontuch für jedes Kind

Die Kinder holen sich jeweils ein Chiffontuch und verteilen sich im Raum. Schalten Sie nun die ruhige Instrumentalmusik ein, die nicht zu laut abgespielt werden sollte.
Die Kinder dürfen sich von der Musik leiten lassen, indem sie mit ihren Tüchern vom Platz aus experimentieren oder sich frei im Raum bewegen. Dabei können Sie auch die Ideen der Kinder aufgreifen. Schlagen Sie die Klangschale an und benennen ein Kind, dessen Idee nun von den übrigen Kindern aufgegriffen wird. Das geht so lange, bis Sie abermals die Klangschale anschlagen, um ein weiteres Kind aufzurufen, dessen Idee dann nachgeahmt werden kann.
Das geht so immer weiter, bis das Musikstück beendet ist. Im Anschluss daran können Sie den Kindern erklären, dass sie auch zu Hause ruhige Musik einschalten und entweder mit oder ohne Tuch im Takt tanzen und sich auf diese Weise entspannen können, sodass sie sich danach wieder viel besser konzentrieren und auf eine Sache einlassen können.

LUFTBALLONTANZ
MEDITATIVER TANZ

Alter ab 4 Jahren

Dazu brauchen Sie ruhige Instrumentalmusik

Die Kinder stehen zusammen im Kreis und stellen sich einen Luftballon vor, den sie nun aufblasen. Auf Ihre Anweisung stellen sich die Kinder etwas breitbeinig hin. Sie atmen dann auf Ihre Bitte hin tief ein und möglichst doppelt so lange wieder aus. Danach folgt eine kurze Pause, bevor die Kinder das Ganze wiederholen. Nach drei bis vier Atemübungen schalten Sie die ruhige Instrumentalmusik ein, die leise im Hintergrund zu hören sein soll.
Die Kinder tun nun so, als ob sie ein Luftballon wären. Sie „schweben in der Luft" bzw. bewegen sich langsam im Takt der Musik durch den Gruppenraum. Das geht so lange, bis die Musik beendet ist. Sie „landen" wieder sanft auf dem Boden bzw. knien sich auf Ihre Anweisung langsam hin und ruhen sich noch ein bisschen aus, bevor sie wieder aufstehen.

ENTSPANNT DURCH MUSIK
MUSIKENTSPANNUNG

Alter ab 5 Jahren

Dazu brauchen Sie ruhige Instrumentalmusik

Immer wenn die Kinder zusammen am Tisch sitzen und z. B. malen, kneten oder puzzeln, kann ruhige Musik den Entspannungsprozess unterstützen. Durch Hintergrundmusik können eventuelle Nebengeräusche gedämpft werden, sodass die Kinder sich viel besser auf das, was sie gerade tun, einlassen können. Machen Sie ein kleines Spiel daraus, indem sie Folgendes sagen: „Welche Tischgruppe kann besonders leise miteinander malen, bis das Musikstück beendet ist?" Benennen Sie dazwischen immer wieder die Tischgruppe, die gerade in Führung ist und somit die Aufgabe besonders gut erfüllt.
Erst wenn das Musikstück beendet ist, können Sie der Tischgruppe, die insgesamt am besten abgeschnitten und somit die Nase vorne hat, ein dickes Lob aussprechen.

DIE KRAFT DES BAUMES
RUHESPIEL

Alter ab 4 Jahren

Dazu brauchen Sie 1 Paar große selbstklebende Augen aus Papier, 1 Klangschale

Suchen Sie sich zur Vorbereitung gemeinsam mit den Kindern einen Baum aus, auf dem Sie in Augenhöhe der Kinder zwei große selbstklebende Augen anbringen können, sodass der Baum im wahrsten Sinne des Wortes ein Gesicht bekommt.
Erzählen Sie den Kindern nun etwas über den Baum, der fest mit der Erde verwurzelt ist. Die Kinder sollen den Baumstamm abtasten, die Rinde fühlen und dabei vielleicht auch kleine Tiere entdecken. Je nachdem, um welchen Baum es sich handelt, sollen sie die Äste und Zweige begutachten und schildern, was sie alles entdecken können.
Teilen Sie den Kindern mit, dass der Baum schon so manchen Sturm überlebt hat und stark ist. Wer möchte den Baum wahrnehmen und umarmen und dabei neue Kraft tanken? Rufen Sie eines der Kinder namentlich auf. Während nun das Kind zunächst auf die aufgeklebten Augen schaut und dann den Baumstamm umarmt, lassen Sie mehrmals kurz die Klangschale

erklingen. Danach rufen Sie ein weiteres Kind namentlich auf, das mit dem ersten den Platz tauschen darf. Sobald das Kind den Baum umarmt hat, lassen Sie wieder ein paarmal die Klangschale erklingen.

Auf diese Weise geht es weiter, bis alle Kinder, die möchten, an die Reihe gekommen sind. Zum Abschluss sollten Sie den Kindern bewusst machen, dass sie sich jederzeit einen Baum suchen, intensiv wahrnehmen und umarmen können.

KERZENLICHT TUT GUT
RUHESPIEL

Alter ab 3 Jahren

Dazu brauchen Sie 1 Sitzkissen für jedes Kind,
1 LED-Kerze, 1 Klangschale

Die Kinder bilden mit ihren Sitzkissen einen Sitzkreis, in dessen Mitte Sie eine dicke Kerze platzieren und anschalten. Dunkeln Sie, falls möglich, den Raum noch etwas ab, sodass eine schöne, entspannte Atmosphäre entsteht, bei der das Kerzenlicht besonders gut zur Geltung kommt.

Zu Beginn stellen sich alle Kinder hinter ihren Sitzkissen auf und blicken in Richtung der Kerze. Eines der Kinder begibt sich in den Innenkreis, geht einmal entlang der Sitzkissen im Kreis herum und schaut dabei auf die Kerze. Wieder auf seinem Platz angekommen, setzt das Kind sich auf sein Kissen. Danach darf das nächste Kind, das sie aussuchen, ebenfalls im Innenkreis herumgehen und dabei die Kerze betrachten.

Auf diese Weise geht es immer weiter, bis alle Kinder auf ihren Sitzkissen Platz genommen haben und von dort aus die Kerze in Augenschein nehmen. Geben Sie den Kindern ein wenig Zeit zur Entspannung, bevor Sie die Klangschale erklingen lassen und das Ruhespiel beenden.

KLÄNGE ZUM ENTSPANNEN
RUHESPIEL

Alter ab 3 Jahren
Dazu brauchen Sie 1 Klangschale oder Triangel

Die Kinder sitzen zusammen im Morgenkreis. Schlagen Sie die Klangschale oder Triangel an. Die Kinder werden sofort aufmerksam sein. Damit die Kinder sich nicht genauso schnell wieder von anderen Dingen ablenken lassen, sagen Sie Folgendes:

„Es klingt so schön im Kreis.
Entspann dich ruhig und leis!"

Die Kinder dürfen nun auf Ihre Anweisung hin die Augen schließen. Lassen Sie nun ein paarmal hintereinander das Musikinstrument erklingen. Die Klänge tun gut und wirken harmonisierend und entspannend zugleich. Danach bitten Sie die Kinder, wieder ihre Augen zu öffnen. Schlagen Sie dann noch einmal das Musikinstrument an, bevor Sie etwas Neues beginnen.

KUSCHEL, KUSCHEL, KUSCHELTIER
RUHESPIEL

Alter ab 3 Jahren
Dazu brauchen Sie 1 Kuscheltier sowie 1 Decke oder Isomatte für jedes Kind, ruhige Instrumentalmusik

Die Kinder breiten ihre Decken im Raum aus, holen sich jeweils ein Kuscheltier und machen es sich bequem. Während Sie nun ruhige Instrumentalmusik im Hintergrund abspielen, darf jedes Kind sich ausgiebig mit seinem Kuscheltier beschäftigen, das es umarmen, streicheln und knuddeln kann. Damit die Kinder und Kuscheltiere zur Ruhe kommen können, soll das Ganze möglichst leise und somit auch ohne Worte geschehen. Wer möchte, darf natürlich auch ein kleines Nickerchen mit seinem Kuscheltier machen. Sobald die Musik beendet ist, stehen alle wieder langsam, am besten über die Seitenlage, auf und ballen ihre Hände zu Fäusten. Dabei recken und strecken sie sich ausgiebig.
Ziel ist es, dass die Kinder durch den Einsatz der ruhigen Musik und der Kuscheltiere nicht mehr ganz so aufgedreht und unruhig sind.

KUSCHELTIER KOMMT JETZT
RUHESPIEL

Alter ab 3 Jahren

Dazu brauchen Sie 1 Kuscheltier (Tier, das im realen Leben eher scheu ist, z. B. eine Maus oder ein Hase), 1 Triangel

Die Kinder finden sich im Kreis zusammen. Eines der Kinder erhält ein Kuscheltier zum Umarmen, Kuscheln und Streicheln. Sobald die Triangel erklingt, übergibt das Kind das Kuscheltier seinem linken Nachbarskind. Das Kind wiederum kuschelt, bis die Triangel erklingt, und übergibt das Kuscheltier dann dem nächsten Kind.

Das geht immer so weiter, bis das erste Kind im Morgenkreis das Kuscheltier wieder in den Händen hält oder eines der Kinder zu laut gewesen ist. In diesem Fall nehmen Sie das scheue Kuscheltier sofort wieder an sich und geben es erst dann zurück, wenn alle leise sind und somit das Kuscheltier wieder aus seinem Versteck hervorkommen möchte.

VARIANTE

Im Gegensatz zum obigen Ruhespiel dürfen die Kinder, sobald Sie die Triangel anschlagen, das Kuscheltier entweder ihrem linken oder rechten Nachbarskind übergeben oder gar aufstehen, um es irgendeinem Kind im Stuhlkreis zu überreichen. Ziel ist es, dass jedes Kind zumindest einmal das Kuscheltier in den Händen halten kann.

VERBUNDENHEIT SPÜREN
RUHESPIEL

Alter ab 5 Jahren

Dazu brauchen Sie 1 Kissen für jedes Kind,
1 Klangschale

Die Kinder legen einen engen Sitzkreis aus Kissen auf den Boden, auf die sie sich dann bequem hinsetzen. Sobald Sie die Klangschale anschlagen, reicht ein beliebiges Kind seinem linken Nachbarskind die Hand. Schlagen Sie nun abermals die Klangschale an. Ist der Klang zu hören, gibt das zweite Kind wiederum seinem linken Nachbarskind die Hand.
Auf diese Weise geht es immer weiter, bis alle Kinder Hand in Hand zusammen im Kreis sitzen. Bitten Sie nun die Kinder, ihre Augen zu schließen. Danach lassen Sie die Klangschale ein paarmal erklingen, sodass die Kinder gemeinsam die Ruhemomente genießen können. Auf diese Weise tanken alle Kinder neue Kraft, sodass sie sich wieder voller Elan und Freude neuen Dingen widmen können.

EINE KLEINE PAUSE
STILLEÜBUNG

Alter ab 3 Jahren

Dazu brauchen Sie 1 Paar Klangstäbe

Die Kinder sitzen auf ihren Stühlen im Kreis. Wenn alle leise sind, sagen Sie Folgendes:

„Bist du müde, ruhe dich eine Minute aus.
Danach geht es wieder vergnügt in die Welt hinaus!"

Während Sie nun ganz leise die Klangstäbe anschlagen, dürfen die Kinder langsam zur Ruhe kommen, um neue Kraft zu tanken. Wer möchte, schließt dabei seine Augen. Schlagen Sie die Klangstäbe so oft leise an, wie Sie es nötig empfinden, damit alle zur Ruhe kommen und entspannen. Nach einer Pause bitten Sie die Kinder wieder ihre Augen zu öffnen und ihre Hände zu Fäusten zu ballen. Die Kinder stehen langsam auf, recken und strecken sich ausgiebig, bevor sie sich wieder zusammen in den Kreis setzen. Ziel ist es, den Kindern bewusst zu machen, dass kleine Pausen guttun und helfen, den Alltag zu meistern.

KLEINE VERSCHNAUFPAUSE
STILLEÜBUNG

Alter	ab 4 Jahren
Dazu brauchen Sie	1 Timer

Stellen Sie einen Timer so ein, dass dieser nach ein bis zwei Minuten klingelt. Die Gruppe macht es sich bequem auf ihren Stühlen und ruht sich aus. Dabei dürfen alle Kinder ihre Augen schließen. Sobald die Zeit abgelaufen ist und es läutet, öffnen sie ihre Augen und bilden Fäuste. Auf Ihre Ansage hin stehen alle auf, um sich ausgiebig zu recken und zu strecken. Im Anschluss daran sagt jedes Kind laut:

„Ich bin fit und munter!"

Erklären Sie den Kindern, dass eine kleine Verschnaufpause wieder die nötige Kraft und Energie gibt, um neue Aufgaben und Herausforderungen meistern zu können.

RÜCKENTROMMEL
STREICHELMASSAGE

Alter	ab 4 Jahren
Dazu brauchen Sie	evtl. Decken

Die Hälfte der Kinder sitzt rittlings im Stuhlkreis, die übrigen Kinder stellen sich jeweils hinter ein sitzendes Kind. Sollte genügend Platz vorhanden sein, darf sich eines der Kinder mit dem Rücken auf eine Decke legen. Das Partnerkind kniet sich neben das liegende Kind, und zwar so, dass es mit beiden Händen dessen Rücken berühren kann. Während nun die sitzenden bzw. liegenden Kinder eine für alle bekannte ruhige Melodie wie z.B. „Schlaf, Kindlein, schlaf" oder „Bruder Jakob" summen, trommeln die stehenden/knienden Kinder sanft mit den Fingerspitzen im Takt auf den Rücken ihres Partnerkindes. Sobald die Melodie beendet ist, bilden die Kinder, die sich entspannten durften, ihre Hände zu Fäusten. Sie recken und strecken sich ausgiebig, bevor sie (falls sie liegen, am besten über die Seitenlage) aufstehen. Unabhängig davon tauschen alle Kinder ihren Platz mit ihrem Partnerkind, um die Streichelmassage zu wiederholen.

SO WIE KLEINE REGENTRÖPFCHEN
STREICHELGESCHICHTE

Alter ab 5 Jahren

Alle Kinder sitzen zusammen im Kreis und machen zu der Streichelgeschichte, die Sie langsam vorlesen, die dazu passenden Bewegungen:

„Finger tanzen auf mein Köpfchen.
So wie kleine Regentröpfchen.

mit den Fingerspitzen sanft auf den Kopf tippen

Massieren meinen Kopf im Nu.
So etwas magst bestimmt auch du.

mit den Fingern den Kopf massieren

Das beruhigt und bringt viel Freude,
macht fit und munter, liebe Leute."

zwei Fäuste bilden und dann die Arme in der Luft recken und strecken

KAPITEL 5

ES KOMMT AUF DEN TON AN

Gesprächsregeln und gute Umgangsformen Schritt für Schritt verinnerlichen

Kinder übernehmen viele Verhaltensweisen durch Beobachtung und Nachahmung von Personen, die ihnen nahestehen und die für sie als Vorbild dienen. Dabei spielt es auch eine Rolle, wie Sie mit den Eltern und Kindern kommunizieren und ob sich die einzelnen Kinder von Ihnen angenommen und gemocht fühlen.

Ausgehend von authentischen Situationen in der Kommunikation, indem sich die Kinder z. B. gegenseitig ins Wort fallen, sollen sich die Kinder in diesem Kapitel nun spielerisch mit derartigen Verhaltensweisen befassen und dabei überlegen, wie es in Zukunft besser im täglichen Miteinander verlaufen könnte. Ziel ist es, miteinander Gesprächsregeln zu vereinbaren und insgesamt ein gutes und kommunikatives Klima in der Gruppe zu schaffen, sodass sich alle wohl, verstanden und zugehörig fühlen.

BITTESCHÖN! – SO GEHT LEISE!
GEDÄCHTNISSPIEL

Alter ab 3 Jahren
Dazu brauchen Sie 1 Softball

Die Kinder sitzen mit leicht gespreizten Beinen auf dem Boden zusammen im Kreis. Holen Sie sich nun einen Ball und setzen Sie sich in ebendieser Weise zwischen zwei Kinder. Während Sie nun den Ball in Richtung eines Kindes rollen, sagen Sie leise:

„Der Ball rollt zu dir nicht laut, sondern leise.
Kannst du auch sprechen auf diese Weise?"

Das Kind, das den Ball nun in den Händen hält, darf ihn genauso in Richtung eines anderen Kindes rollen und dabei den Spruch leise aufsagen.
Ziel ist es, dass alle Kinder irgendwann den Ball in die Hände bekommen und das Spiel mithilfe des Balls ruhig fortsetzen können. Auf diese Weise üben die Kinder ruhig miteinander in Kontakt zu treten und dabei auch nicht zu laut miteinander zu sprechen.

BIST DU DABEI?
GEDÄCHTNISSPIEL

Alter ab 3 Jahren
Dazu brauchen Sie 1 Softball

Die Kinder bilden einen Kreis. Holen Sie sich einen Ball und stellen Sie sich zwischen zwei Kinder. Danach sagen Sie zu dem links von Ihnen stehenden Kind z. B. Folgendes:

„Zuhören finde ich gut! Du auch?"

Das betreffende Kind erhält von Ihnen den Ball und somit das Wort. Es bejaht die Frage und stellt die gleiche Frage an sein linkes Nachbarskind. Wurde die Frage verneint, dann fragen Sie das Kind nach dem Warum. Anschließend übergibt das Kind dann den Ball und das Frage-Antwort-Spiel setzt sich fort.

Es geht so immer weiter, bis Sie wieder den Ball in den Händen halten und eine neue Frage stellen können.

Weitere Beispiele
„Ausreden lassen finde ich gut. Du auch?"
„Freundlich sein finde ich gut. Du auch?"
„Ruhig sprechen finde ich gut. Du auch?"

FREUNDLICH SEIN & DAUMEN HOCH
GEDÄCHTNISSPIEL

Alter ab 4 Jahren

Besprechen Sie mit den Kindern, welche Verhaltensweisen ein Gespräch behindern oder fördern können. Wissen die Kinder Bescheid, dann führen Sie so ähnlich wie beim altbekannten Spiel „Alle Vögel fliegen hoch!" Folgendes durch: Unabhängig davon, ob Sie den Kindern eine erwünschte oder unerwünschte Verhaltensweise laut mitteilen, heben Sie stets den Daumen kurz hoch. Die Kinder sollen es Ihnen jedoch nur dann gleichtun, wenn es sich bei dem Genannten tatsächlich um eine erwünschte Verhaltensweise handelt. Ansonsten sollen sie einfach nur ruhig dasitzen.
Falls ein Kind im entscheidenden Moment falsch reagiert, gibt es ein Pfand ab, z.B. den linken Schuh, ein Halstuch oder einfach einen Stift.
Am Ende dürfen die betreffenden Kinder wieder ihr Pfand einlösen, indem sie für jeden abgegebenen Gegenstand eine erwünschte Verhaltensweise benennen.

Beispiele
- Ausreden lassen
- freundlich sein
- höflich nachfragen, falls man etwas nicht richtig verstanden hat ...

FEEDBACK GEBEN LEICHT GEMACHT
GEDÄCHTNISSPIEL

Alter ab 5 Jahren

Dazu brauchen Sie 1 Softball

Es ist wichtig und notwendig die Gesprächsregeln in der Gruppe stets auf dem neuesten Stand zu halten. Fragen Sie die Kinder daher von Zeit zu Zeit, welche Regeln sich für sie bewährt haben und welche vielleicht verändert werden sollten.

Alle stehen zusammen im Kreis. Das Kind, das gerade an der Reihe ist, erhält von Ihnen einen Ball. Während nun das Kind der Gruppe mitteilt, was seiner Meinung nach gut gelaufen ist oder verbessert werden sollte, hören die übrigen Kinder zu. Danach setzt es einen Punkt, indem es den Ball einmal im Innenkreis so auf dem Boden aufspringen lässt, dass dieser von einem anderen von ihm aufgerufenen Kind gefangen werden und sich dieses nun ebenfalls dazu äußern kann.

Erst wenn alle Kinder die Chance hatten, Feedback zu geben, überlegen Sie gemeinsam mit den Kindern, falls erforderlich, welche Gesprächsregeln verändert werden sollten.

GESPRÄCHSFORMEN EINÜBEN
GEDÄCHTNISSPIEL

Alter ab 5 Jahren

Dazu brauchen Sie 1 Softball, 1 Blatt Papier, 1 Stift

Die Kinder sitzen zusammen im Stuhlkreis und überlegen gemeinsam, wie sie sich gut verhalten und am besten miteinander kommunizieren können. Der Anlass kann eine aktuelle Situation sein, z. B. eine lautstarke Auseinandersetzung zwischen zwei Kindern. Unabhängig davon bietet es sich hier an, zu brainstormen. Lassen Sie die Kinder alle Dinge zum Thema sagen, die ihnen spontan in den Sinn kommen, sammeln Sie diese erst einmal ungefiltert und notieren Sie sie stichwortartig. Damit nicht alle durcheinandersprechen, rollen Sie immer demjenigen Kind einen Softball zu, das gerade das Wort hat. Ist das Kind fertig, rollt es den Ball wieder zurück.

Wurden genügend Antworten gegeben, dann dürfen die Kinder der Reihe nach jeweils eine Antwort wiederholen und dabei den Ball links im Kreis herumreichen, bevor Sie zur Kontrolle alle Stichworte, z. B. ausreden lassen, zuhören und höflich sein, laut vorlesen. Die Kinder dürfen dann gemeinsam drei bis vier Punkte auswählen, die ihnen besonders am Herzen liegen. Vergessen Sie dabei nicht einen übersichtlichen Zeitraum mit den Kindern zu vereinbaren, um zu überprüfen, ob sich alle gut an die Vereinbarungen gehalten haben oder nicht. Ansonsten verlängern Sie einfach noch einmal den Zeitraum, bevor Sie weitere Vereinbarungen mit den Kindern treffen.

ICH PACKE IN MEINEN KLEINEN RUCKSACK ...
GEDÄCHTNISSPIEL

Alter ab 5 Jahren

Dazu brauchen Sie 1 kleinen Rucksack

Die Kinder sitzen im Stuhlkreis zusammen und überlegen sich, welche Fähigkeiten und Verhaltensweisen im täglichen Umgang miteinander hilfreich sein könnten.
Konnten Sie sich mit den Kindern gemeinsam zu dem Thema austauschen, dann holen Sie sich einen kleinen Rucksack. Während Sie nun den Rucksack öffnen und so tun, als ob Sie etwas einpacken würden, sagen Sie z. B. laut: „Ich packe in meinen Rucksack das Zuhören ein!" Danach übergeben Sie dem links von Ihnen sitzenden Kind den Rucksack. Das betreffende Kind wiederholt den vorherigen Satz und fügt dann eine neue Fähigkeit hinzu, indem es z. B. sagt: „Ich packe in meinen kleinen Rucksack das Zuhören und Leisesein ein!" Es übergibt wiederum den Rucksack seinem linken Nachbarskind, das nun das Spiel mit einer neuen Fähigkeit, z. B. freundlich sein, ausreden lassen oder sich zu Wort melden, fortsetzt und das zuvor Gesagte wiederholt. Sollte ein Kind mal stocken oder nicht weiterwissen, dürfen die übrigen weiterhelfen. Auf diese Weise geht es weiter, bis alle Kinder an der Reihe gewesen sind.
Im Anschluss daran können Sie den Kindern verdeutlichen, dass im Rucksack jede Menge tolle Fähigkeiten sind, die sie jederzeit abrufen können, sodass es gleich viel freundlicher und ruhiger in der Gruppe zugehen kann.

ICH-FORM WÄHLEN
GEDÄCHTNISSPIEL

Alter ab 5 Jahren

Dazu brauchen Sie 1 Würfel

Die Kinder sitzen zusammen am Tisch. Eines von ihnen holt sich einen Würfel und beginnt zu würfeln. Entsprechend der gewürfelten Augenzahl darf es die gleiche Anzahl an Verhaltensweisen benennen, die seiner Meinung nach in Bezug auf ein gutes Miteinander in der Gruppe wünschenswert wären. Dabei beginnt es jeden Satz mit „Ich möchte …/ Ich wünsche mir …" oder dergleichen. Die übrigen Kinder hören aktiv zu und wiederholen nach jedem Satz das Gesagte, indem sie z. B. sagen: „Du möchtest, dass wir uns nicht anbrüllen, wenn wir streiten!" oder „Du wünschst dir, dass wir uns gegenseitig ausreden lassen!". Danach darf ein anderes Kind, das vom ersten Kind benannt wird, das Würfelspiel auf die gleiche Weise fortsetzen. Das Würfelspiel ist beendet, sobald jedes Kind zumindest einmal würfeln durfte und somit zu Wort gekommen ist.

REGELN VISUALISIEREN
GEDÄCHTNISSPIEL

Alter ab 3 Jahren

Dazu brauchen Sie 1 DIN-A2-Tonpapier in Gelb, 1 schwarzen Stift

Besprechen Sie gemeinsam mit den Kindern im Stuhlkreis oder am Tisch die wichtigsten Gesprächsregeln, die folgendermaßen lauten können:

- zuhören
- leise sein
- sich zu Wort melden
- sich gegenseitig anschauen

Schreiben Sie die Gesprächsregeln untereinander auf das Tonpapier. Zeichnen Sie vor den Augen der Kinder neben jede Regel ein passendes Symbol, z. B. ein Ohr, einen geschlossenen Mund, eine Hand und ein Auge. Unter der letzten Gesprächsregel lassen Sie etwas Platz, damit sich die Kinder durch ihre Unterschrift, die sie entweder alleine oder mit Ihrer Hilfe machen, mit den Regeln einverstanden erklären können.

Im Anschluss daran suchen Sie gemeinsam mit den Kindern eine freie Wand, auf der Sie in Augenhöhe der Kinder das Plakat anbringen. Wählen Sie nun eine Gesprächsregel aus, die Sie dann pantomimisch darstellen, indem Sie z. B. eine Hand ans Ohr halten. Wissen die Kinder, dass damit das Zuhören gemeint ist? Zur Kontrolle lösen Sie das Rätsel auf und zeigen dabei auch auf das dazu passende Bild auf dem Plakat. Auf diese Weise finden noch ein paar Spielrunden zu den Gesprächsregeln statt. Selbstverständlich können auch die Kinder einige Regeln pantomimisch darstellen.

Im Kindergartenalltag dürfen die Kinder sich dann, falls nötig, gegenseitig auch auf die einzelnen Bilder und die damit verbundenen Gesprächsregeln aufmerksam machen.

Weitere Beispiele

Leise sein: mit dem Zeigefinger auf den geschlossenen Mund tippen
Sich zu Wort melden: ein Handzeichen geben
Sich gegenseitig anschauen: Blickkontakt zu einem Kind herstellen

WIR ALS GRUPPE
GEDÄCHTNISSPIEL

Alter ab 4 Jahren
Dazu brauchen Sie 1 Kuscheltier

Besorgen Sie ein Kuscheltier, das die Kinder noch nicht kennen. Im Stuhlkreis oder am Tisch können Sie den „Neuling" der Gruppe vorstellen. Fragen Sie die Kinder, was das Kuscheltier tun sollte, damit es in der Gruppe gut aufgenommen wird. Die Kinder können das Kuscheltier der Reihe nach begrüßen und den folgenden Satzanfang ergänzen: „Wir als Gruppe würden uns freuen, wenn …!" Dabei hält immer das Kind das Kuscheltier in der Hand, das gerade das Wort hat.

Ziel ist es, dass die Kinder dem „Neuen" genügend Informationen mitteilen, damit er kein Außenseiter in der Gruppe wird. Dabei geht es um Regeln, die sonst vielleicht nicht so direkt gesagt werden, jedoch für das gute Miteinander von Bedeutung sind.

DIE RICHTIGEN WORTE FINDEN
WAHRNEHMUNGSSPIEL

Alter ab 5 Jahren

Dazu brauchen Sie 1 Handtrommel, evtl. 4 Markierungskegel

Die Kinder verteilen sich in einem überschaubaren Spielfeld, das Sie mithilfe von vier Markierungskegeln kennzeichnen können. Zum langsamen Rhythmus Ihres Trommelspiels gehen
die Kinder kreuz und quer auf dem Spielfeld herum. Das geht so lange, bis das Trommelspiel
verstummt. Sagen Sie nun entweder etwas Aufbauendes oder Abwertendes. Im ersten Fall
gehen die Kinder aufeinander zu, um sich gegenseitig voller Freude abzuklatschen. Ansonsten
bleiben sie einfach kopfschüttelnd mit verschränkten Armen auf ihren Plätzen stehen. Auf
diese Weise finden ein paar Durchgänge statt.

Beispiele für positiv formulierte Sätze
„Ich finde, du hast das richtig toll gemacht!"
„Du bist gut und musst trotzdem nicht alles können!"
„Auch wenn es jetzt nicht geklappt hat, finde ich gut, dass du geholfen hast."

Beispiele für negativ formulierte Sätze
„Ich glaube, dass du das nicht schaffst!"
„Du bist nicht so klug wie ich!"
„Das kann ich viel besser als du!"

HABE ICH DICH RICHTIG VERSTANDEN?
WAHRNEHMUNGSSPIEL

Alter ab 5 Jahren

Dazu brauchen Sie 1 Softball

Die Kinder stehen zusammen im Kreis. Ein Kind aus der Gruppe holt sich einen Ball und beginnt von seinem Platz aus das Spiel, indem es laut eine Verhaltensweise benennt, die es sich
von allen wünschen würde. Während es nun z. B. sagt „Ich wünsche mir, dass wir uns gegenseitig nicht wehtun", wirft es den Ball einem anderen Kind im Kreis zu. Das betreffende Kind

darf nun bei dem Kind nachfragen, ob es alles richtig verstanden hat. Dabei kann es z. B. sagen: „Habe ich es richtig verstanden, dass wir uns gegenseitig nicht wehtun sollen?"
Wurde die Frage vom ersten Kind bejaht, darf das zweite Kind einen neuen Wunsch gegenüber der Gruppe äußern und dabei den Ball einem anderen Kind zuwerfen, das sich dann auf die gleiche Weise vergewissern darf, ob es alles richtig verstanden hat. Sollte jedoch das erste Kind die Frage verneinen, wirft es den Ball zurück und wählt ein anderes Kind aus. Das Spiel geht so weiter, bis alle Kinder einmal an die Reihe gekommen sind.

IN DIE AUGEN SCHAUEN
WAHRNEHMUNGSSPIEL

Alter ab 3 Jahren
Dazu brauchen Sie flotte Instrumentalmusik, **1 Rassel**

Erklären Sie den Kindern, dass man einem Gesprächspartner in die Augen schauen sollte. Denn nur so kann man sich gegenseitig richtig wahrnehmen, Mimik und Gestik erkennen und das Gesagte besser verstehen. Mit Unterstützung von Musik lässt sich das folgendermaßen einüben: Finden Sie sich mit den Kindern in einem Kreis zusammen. Zu Beginn schalten Sie die Musik ein und holen Sie sich eine Rassel. Zum Rhythmus der Musik gehen Sie auf ein Kind zu und halten dabei Blickkontakt. Dabei begleiten Sie stets die Melodie der Musik mit Ihrer Rassel. Zeitgleich klatschen alle Kinder im Takt auf ihre Oberschenkel. Bleiben Sie vor dem ausgewählten Kind stehen und schauen diesem in die Augen. Das betreffende Kind erhält dann von Ihnen die Rassel und tauscht mit Ihnen den Platz, um das Spiel auf die gleiche Weise fortzusetzen. Das Spiel ist beendet, wenn alle Kinder einen Blickkontakt zu einem anderen Kind im Kreis herstellen konnten.

VARIANTE

Alle Kinder stehen mit Ihnen zusammen im Kreis. Während die Kinder im Takt auf ihre Oberschenkel klatschen, begleiten Sie den Rhythmus der Musik mithilfe der Rassel. Irgendwann übergeben Sie dem links von Ihnen stehenden Kind die Rassel. Dabei schauen Sie dem Kind in die Augen. Danach darf das Kind mit der Rassel rhythmisch die Musik begleiten Das betreffende Kind übergibt dann die Rassel an sein linkes Nachbarskind. Dabei halten beide Blickkontakt. Auf diese Weise geht es weiter, bis das Musikstück beendet ist. Sollten noch nicht alle Kinder im Besitz der Rassel gewesen sein, dann lassen Sie die Musik weiterlaufen.

LAUT UND DEUTLICH SPRECHEN
WAHRNEHMUNGSSPIEL

Alter ab 3 Jahren

Machen Sie den Kindern bewusst, dass sie stets laut und deutlich sprechen sollen, damit alle Kinder das, was gerade gesprochen wird, gut verstehen können. Indem die Kinder sich zusammen im Kreis vor ihre Stühle stellen, lässt sich das nun folgendermaßen üben: Eines der Kinder beginnt und sagt laut, was es besonders gut kann, z. B. ein Bild malen oder Papierflieger basteln. Daraufhin gibt es Applaus von der Gruppe und das Kind setzt sich anschließend auf seinen Stuhl. Nun geht es mit dem linken Nachbarskind weiter, das das Spiel auf die gleiche Weise fortsetzt. Sollte sich das Kind zu leise äußern, dürfen Sie oder die übrigen Kinder das Kind bitten, das Ganze zu wiederholen.
Auf diese Weise geht es immer weiter, bis sich alle Kinder vorstellen konnten und schließlich zusammen im Kreis sitzen.

WAR DAS VIELLEICHT FREUNDLICH?
WAHRNEHMUNGSSPIEL

Alter ab 4 Jahren

Alle sitzen im Stuhlkreis und überlegen sich gemeinsam, wie es sich anhört, wenn man ruhig zu jemandem sagt, dass er seine Sachen aufräumen soll. Und wie hört es sich an, wenn sich die Stimme erhebt und man besonders verärgert über das Chaos ist? Die Kinder sollen es einfach der Reihe nach im Uhrzeigersinn erst freundlich und dann weniger erfreut sagen: „Kannst du bitte deine Sachen aufräumen!"
Wissen die Kinder Bescheid, könnten Sie folgendes Spiel mit ihnen durchführen:
Zu Beginn stellen sich alle vor ihre Stühle im Kreis. Gehen Sie nun auf ein Kind zu, um dieses entweder freundlich oder eher genervt um etwas zu bitten. Die Gruppe soll entscheiden, ob es sich freundlich oder eher unfreundlich angehört hat. Wurde die richtige Antwort gegeben, tauschen Sie den Platz mit dem ausgewählten Kind. Während Sie sich nun auf den Stuhl des Kindes setzen, geht das Kind auf ein weiteres Kind zu. Es setzt das Spiel auf die gleiche Weise fort, indem es entweder freundlich oder unfreundlich um etwas bittet.
Das Ganze ist beendet, sobald alle Kinder zusammen im Kreis sitzen.

SAG, WAS DIR NICHT GEFÄLLT
WAHRNEHMUNGSSPIEL

Alter ab 4 Jahren

Alle Kinder bis auf eines sitzen zusammen im Stuhlkreis und halten sich die Ohren zu. Das ausgewählte Kind geht irgendwann auf ein beliebiges Kind aus der Gruppe zu, bleibt vor diesem stehen und sagt, dass es ihm überhaupt nicht gefällt, dass das andere Kind ihm nicht zuhört. Dabei soll das Kind die Ich-Form und einen ruhigen Ton wählen:

„Ich habe das Gefühl, du hörst mir nicht zu. Das finde ich schade!"

Daraufhin nimmt das angesprochene Kind die Hand von den Ohren und reicht dem stehenden Kind die Hand, um sich zu entschuldigen. Anschließend tauschen beide Kinder die Plätze. Während nun das erste Kind es allen übrigen Kinder gleichtut und sich ebenfalls die Ohren zuhält, geht das zweite Kind auf ein weiteres Kind zu, um das Spiel auf die gleiche Weise fortzusetzen. Das Spiel wird so lange fortgeführt, bis sich alle Kinder zumindest einmal äußern konnten.

VARIANTE

Im Gegensatz zum vorherigen Spiel halten die Kinder sich nicht die Ohren zu. Das angesprochene Kind darf sich hier im Ton vergreifen und das Kind anbrüllen/anmeckern, indem es z. B. sagt: „Hau bloß ab!" oder „Lass mich in Ruhe!". Das betreffende Kind bleibt ruhig, sagt jedoch bestimmend z. B.: „Ich möchte nicht, dass wir in diesem Ton miteinander reden."
Daraufhin entschuldigt sich das Kind bei ihm per Handschlag. Die beiden Kinder tauschen miteinander die Plätze und das Spiel fängt mit dem nächsten Kind von vorne an.

SICH AM GESPRÄCH BETEILIGEN
WAHRNEHMUNGSSPIEL

Alter ab 3 Jahren

Dazu brauchen Sie 1 Passfoto von jedem Kind,
1 Bilderbuch

Alle Kinder sitzen zusammen am Tisch, auf den Sie die Passfotos der Kinder verdeckt hinlegen. Wählen Sie ein Bilderbuch aus, das Sie den Kindern gerne vorlesen möchten. Am Ende drehen Sie ein beliebiges Foto um. Stellen Sie nun dem Kind, das auf dem Foto abgebildet ist, eine Frage zum Inhalt des Buches. Konnte das Kind die Frage beantworten, drehen Sie ein neues Foto um und stellen dem nächsten Kind eine weitere Frage zum Buch, die es beantworten darf. Ansonsten darf es die anderen Kinder um Unterstützung bitten.
Auf diese Weise geht es immer weiter, bis jedes Kind eine Frage beantworten konnte und somit alle Fotos offen daliegen.

SICH ZU WORT MELDEN
WAHRNEHMUNGSSPIEL

Alter ab 4 Jahren

Dazu brauchen Sie 1 Bilderbuch

Die Kinder dürfen auf Ihre Anweisung hin alle kurz die Hand heben, um zu zeigen, wie man an die Reihe kommt und somit das Wort erhält. Lesen Sie nun den Kindern ein Bilderbuch vor, zu dem Sie dann Fragen stellen. Welches Kind schafft es, sich tatsächlich per Handzeichen zu melden und abzuwarten, bis es von Ihnen aufgerufen wird? Das ist gar nicht so einfach und bedarf mitunter viel Übung.

VARIANTE

Die Kinder melden sich auf Ihre Anweisung hin alle per Handzeichen zu Wort. Rufen Sie eines der Kinder auf, das besonders gut abwarten kann, bis es an die Reihe kommt. Das betreffende Kind bittet dann alle übrigen Kinder, sich per Handzeichen zu Wort zu melden. Es benennt ebenfalls ein Kind, das ruhig abwarten konnte. Das betreffende Kind übernimmt dann die Rolle des vorherigen Kindes. Auf diese Weise finden noch ein paar Durchgänge statt.

MITEINANDER INS GESPRÄCH KOMMEN
WAHRNEHMUNGSSPIEL

Alter ab 5 Jahren
Dazu brauchen Sie 1 großen Stuhl, 1 Softball,
1 Sanduhr (3 Minuten), 1 Handtrommel

Nicht nur das Zuhören, sondern auch das Erzählen und das Miteinander-ins-Gespräch-Kommen fällt manchmal ganz schön schwer und kann im Stuhlkreis ganz geordnet und ruhig durchgeführt werden. Die Kinder, die z. B. über den Verlauf ihres gestrigen Tages erzählen möchten, melden sich per Handzeichen zu Wort. Rufen Sie ein Kind auf, das sich auf einen extra von Ihnen bereitgestellten großen Stuhl setzen darf, der zwischen zwei Stühlen im Kreis steht. Nun können alle auf das Kind blicken, das etwas darüber erzählt, was es gestern erlebt hat.
Damit jedes Kind die gleiche Redezeit erhält, können Sie in die Mitte des Kreises eine Sanduhr stellen und umdrehen. Kurz bevor der Sand durchgerieselt ist, schlagen Sie leise einige Male auf die Handtrommel, sodass das Kind an die ablaufende Zeit erinnert wird. Sollte das Kind etwas früher mit dem Erzählen fertig sein, dürfen die übrigen Kinder inhaltlich versuchen, das Gesagte wiederzugeben. Dafür erhält das Kind von Ihnen einen Softball, den es einem anderen Kind zuwirft, das sich per Handzeichen meldet. Das betreffende Kind darf nun das erzählen, was es sich gemerkt hat, und den Ball anschließend wieder zurückwerfen. Möchte noch jemand aus der Runde etwas ergänzen? Falls ja, wirft das Kind den Ball dem nächsten Kind zu, das sich meldet.
Im Anschluss daran darf dann ein anderes Kind, das sich meldet und von Ihnen aufgerufen wird, den Platz mit dem vorherigen Kind tauschen und auf dem großen Stuhl zu erzählen beginnen. Auf diese Weise geht es immer weiter, bis alle Kinder, die sich gemeldet haben, an die Reihe gekommen sind.

WEISST DU, WER DAS WORT HAT?
WAHRNEHMUNGSSPIEL

Alter ab 3 Jahren
Dazu brauchen Sie 1 Klangschale

Die Kinder sitzen zusammen im Kreis, in dessen Mitte Sie die Klangschale platzieren. Fragen Sie die Kinder z. B., was sie am liebsten spielen, wie ihre Freunde heißen oder was sie gestern

Nachmittag zu Hause so alles unternommen haben. Wer sich dazu äußern möchte, hebt die Hand. Sobald das erste Kind das Wort erhält, darf es in die Kreismitte gehen und die Klangschale holen, die es dann direkt vor seinem Stuhl auf den Boden stellt und diese von dort aus anschlägt. Während die Klangschale erklingt, setzt es sich auf seinen Stuhl. Sobald der Klang verklungen ist, beginnt das Kind zu erzählen. Dabei darf es jedoch von den übrigen Kindern aus der Gruppe nicht unterbrochen werden. Nach einer Weile darf ein anderes Kind, das sich meldet und von dem ersten Kind aufgerufen wird, die Klangschale holen und sich ebenfalls zu der Frage äußern.

Auf diese Weise geht es immer weiter, bis möglichst alle Kinder einmal die Klangschale anschlagen konnten und somit zu Wort gekommen sind.

ZUHÖRER-KÖNIG*IN
WAHRNEHMUNGSSPIEL

Alter ab 5 Jahren
Dazu brauchen Sie 1 Bilderbuch oder Hörspiel

Die Kinder sitzen zusammen im Stuhlkreis, um miteinander eine kurze Geschichte anzuhören. Sie können entweder ein Bilderbuch vorlesen oder alternativ den Kindern auch ein Hörspiel vorstellen. Bevor Sie beginnen, fragen Sie bei den Kindern nach, ob sie glauben, dass sie die Geschichte bis zum Schluss in aller Ruhe anhören können. Sollten Kinder daran zweifeln, dann machen Sie den Kindern Mut, es trotzdem auszuprobieren. Wer es am Ende tatsächlich schafft, wird von Ihnen als Zuhörer-König*in gekrönt.

KAPITEL 6

SICH OHNE VIELE WORTE VERSTEHEN

Kooperative Spiele, die besonders ruhig und leise verlaufen

Miteinander unter Zeitlimits oder mit nur begrenzten Ressourcen zu kooperieren und dabei zugleich interessante und spannende Aufgaben zu bewältigen, macht den besonderen Reiz von kooperativen Spielen aus. Während des Spielverlaufs geht es vor allem um das Erleben von Zugehörigkeit und Gemeinschaft. Spielerisch lernen die Kinder, gemeinsam auf ein Ziel hinzuarbeiten, sich aufeinander zu verlassen und mit Niederlagen umzugehen, indem sie sich gegenseitig motivieren. In diesem Kapitel wird nun eine Reihe von kooperativen Spielen vorgestellt, die still oder mit wenigen Worten durchgeführt werden. Auf diese Art und Weise lernen die Kinder, ruhig und zielstrebig miteinander an einem Strang zu ziehen, sich an gemeinsamen Erfolgen zu erfreuen und so einen starken Teamgeist zu entwickeln.

ALLE HELFEN MIT
TEAMSPIEL

Alter ab 4 Jahren
Dazu brauchen Sie 1 Augenbinde

Alle Kinder bis auf eines stehen zusammen im Kreis. Zwischen zwei Kindern befindet sich eine größere Lücke. Alle übrigen Kinder geben sich auf der Kreisbahn die Hände. Ein beliebiges Kind lässt sich von Ihnen in der Kreismitte die Augen verbinden und dreht sich dann ein paarmal um die eigene Achse.
Die Aufgabe des Kindes besteht nun darin, die Lücke ausfindig zu machen. Dabei dürfen die übrigen Kinder behilflich sein, indem sie vom Platz aus leise „Kalt!" oder „Heiß!" sagen. Erst wenn alle Kinder Hand in Hand zusammen im Kreis stehen, nimmt das Kind die Augenbinde ab und berichtet, wie es ihm während der Suche nach seinem Stuhl ergangen ist.
Im Anschluss daran wählt es ein neues Kind aus, das eine neue Spielrunde beginnt.

VARIANTE

Alle Kinder bis auf eines sitzen im Schneidersitz eng zusammen im Kreis. Zwischen zwei Kindern befindet sich eine größere Lücke. Das Kind im Innenkreis kniet sich auf den Boden und lässt sich von Ihnen die Augen verbinden. Dann krabbelt es auf alle Vieren los, sobald Ihr Startkommando erfolgt. Wird das Kind wortlos die Lücke finden und sich im Schneidersitz in den Kreis setzen können? Die übrigen Kinder dürfen wieder so wie im vorherigen Spiel behilflich sein.

ALLE MACHEN MIT
TEAMSPIEL

Alter ab 3 Jahren

Dazu brauchen Sie 1 Stoppuhr

Die Kinder bilden einen engen Stuhlkreis. Auf Ihr Kommando hin dürfen die Kinder sich rasch die Hände reichen und so aufstehen. Stoppen Sie die Zeit, wie lange wird es wohl dauern, bis alle Kinder ganz ruhig zusammen Hand in Hand im Kreis stehen? Laden Sie die Kinder nun dazu ein, sich so schnell wie möglich wieder Hand in Hand auf ihre Plätze zu setzen. Halten Sie die Zeit erst an, wenn tatsächlich alle Kinder still zusammen im geschlossenen Kreis sitzen. Konnten die Kinder die Aufgabe als Team noch schneller meistern?

VARIANTE

Auf Ihr Kommando hin dürfen sich die Kinder rittlings auf ihre Stühle setzen. Erst wenn alle ganz ruhig dasitzen, halten Sie die Zeit an. Wie lange wird es wohl dauern, bis alle Kinder wieder so wie am Anfang zusammen im Stuhlkreis sitzen? Wird die Gruppe die Aufgabe als Team vielleicht noch schneller erfüllen? Unabhängig davon zählt auch in diesem Fall einzig und allein der Teamgedanke.

AUFRÄUMTRUPP
TEAMSPIEL

Alter ab 5 Jahren

Die Kinder sitzen am Basteltisch und haben etwas Chaos auf dem Tisch hinterlassen? In diesem Fall dürfen sie nun einen Aufräumtrupp darstellen, der sich blind vertraut und auch ohne Worte versteht. Auf ein Kommando von Ihnen geht es dann los: Die Kinder sollen alle Sachen, die nicht auf den Basteltisch gehören und vielleicht zum Teil auch unter dem Tisch liegen, stillschweigend und so schnell wie möglich aufräumen. Dabei ist jedoch Zeichensprache erlaubt. Werden die Kinder die Aufgabe meistern und sich dabei untereinander auch ohne Worte verständigen können? Falls nicht, probieren Sie es einfach ein anderes Mal erneut aus, z. B. in der Bauecke, die nach dem Spielen noch aufgeräumt werden muss.

EIN TELLER SPAGHETTI
TEAMSPIEL

Alter ab 3 Jahren

Dazu brauchen Sie 1 Farbwürfel, 6 Wollknäuel in den Farben des Würfels, 1 Suppenteller, Scheren, 1 Stoppuhr

Die Kinder schneiden jede Menge unterschiedlich lange Fäden von den Wollknäueln ab, die sie alle willkürlich auf dem Tisch verteilen. Danach legen Sie einen Suppenteller und einen Farbwürfel auf den Tisch.

Starten Sie die Zeit, wenn das jüngste Kind mit dem Würfeln anfängt. Die Kinder legen alle Schnüre, die übrigens Spaghetti darstellen sollen, der gewürfelten Farbe auf den Teller. Danach darf das linke Nachbarskind das Würfelspiel auf die gleiche Weise fortsetzen. Sollte es jedoch die gleiche Farbe würfeln, würfelt es so lange weiter, bis eine andere Farbe erscheint. Dementsprechend sammeln alle Kinder die Schnüre mit der gesuchten Farbe ein, die sie zu den anderen auf den Teller legen.

So geht es immer weiter, bis alle „Spaghetti" auf dem Teller liegen. Stoppen Sie nun die Spielzeit und teilen Sie den Kindern mit, dass sie Ihnen in der nächsten Spielrunde möglichst noch schneller einen vollen Teller mit Spaghetti präsentieren sollen. Am Ende stoppen Sie erneut die Zeit. Konnten die Kinder sich verbessern?

EINS, ZWEI, DREI!

TEAMSPIEL

Alter ab 5 Jahren

Dazu brauchen Sie 1 Handtrommel, evtl. 4 Markierungskegel

Zum langsamen Rhythmus Ihres Trommelspiels gehen alle Kinder auf einem überschaubaren Spielfeld, das Sie mithilfe von vier Markierungskegeln kennzeichnen können, spazieren. Sobald die Trommel verstummt, bleiben alle Kinder stehen und hören Ihnen zu, wie Sie bis drei, vier oder gar fünf zählen. Je nachdem, welche Zahl am Schluss von Ihnen benannt wurde, dürfen genauso viele Kinder jeweils ein Team bilden. Das Team, das dann am schnellsten Hand in Hand stillschweigend zusammen im Kreis auf dem Boden sitzt, hat die Nase vorne und wird von Ihnen gelobt. Im Anschluss daran trennen sich die Kinder wieder voneinander und starten eine neue Spielrunde, sobald das langsame Trommelspiel einsetzt.
Auf diese Weise finden noch ein paar Spielrunden statt, bei denen entweder Dreier-, Vierer- oder Fünfer-Teams gebildet werden können.

ELEKTROBUS

TEAMSPIEL

Alter ab 5 Jahren

Die Kinder stellen sich hintereinander auf. Jedes Kind hält das vor ihm stehende Kind mit beiden Händen an den Schultern fest. Miteinander stellen sie nun einen Elektrobus dar. Auf Ihr Kommando hin „fährt" der Bus nun in die Richtung, die Sie den Kindern vorgeben, z. B. zur Bauecke. Schaffen es die Kinder, genauso leise wie ein Elektrobus zu der Bauecke zu gelangen, und zwar ohne sich gegenseitig loszulassen? Falls ja, haben die Kinder als Team richtig gut funktioniert, sodass Sie von Ihnen ein dickes Lob erhalten. Unabhängig davon geht es dann zur nächsten Haltestation, die Sie den Kindern selbstverständlich wieder vorgeben.
Auf diese Weise werden noch ein paar Haltestelle möglichst leise „angefahren".

VARIANTE

Die Kinder gehen zu dritt oder viert zusammen und stellen sich hintereinander auf. Dabei fassen sie sich so wie oben beschrieben an den Schultern. Jedes „Elektrotaxi" darf auf Ihre Anweisung hin z. B. in Richtung Puppenecke „fahren". Welches Team schafft das besonders schnell und leise?
Unabhängig davon „fahren" dann alle „Elektrotaxis" auf Ihre Anweisung hin ein anderes Ziel an. Auf diese Weise geht es kreuz und quer mit verschiedenen Stopps noch ein paarmal möglichst leise durch den Gruppenraum.

FLINKE MÄUSEGRUPPE
TEAMSPIEL

Alter ab 3 Jahren

Dazu brauchen Sie 1 Sitzkissen für jedes Kind, evtl. 1 Timer

Die Kinder sitzen auf ihren Kissen zusammen im Kreis. Erst wenn alle ganz leise sind, sagen Sie Folgendes:

„Psst! Mäuschen krabbeln aus ihren Häuschen!"

Daraufhin krabbeln die Kinder auf allen Vieren in Richtung Innenkreis, um sich von dort aus jeweils ein neues Sitzkissen zu suchen, auf dem sie dann Platz nehmen. Die Aufgabe wurde erfüllt, sobald alle Kinder wieder stillschweigend auf den Kissen im Kreis sitzen. Sollte ein Kind während des Spielverlaufs jedoch zu laut sein oder einfach nicht den Platz wechseln wollen, dann sagen Sie laut:

„Das Mäusespiel ist leider viel zu bald aus.
Denn nicht alle fanden leise ein neues Zuhaus'!"

In diesem Fall können Sie den Kindern anbieten, dass sie das Mäusespiel einfach noch einmal als Team wiederholen.

VARIANTE

Die Kinder dürfen nicht nur leise in der Rolle als Mäuse ihre Plätze wechseln, sondern das Ganze auch noch innerhalb einer vorgegebenen Zeit tun. Dafür verwenden Sie einen Timer, den Sie so einstellen, dass die Spielzeit nach einer Minute abgelaufen ist.

GEMEINSAMES INSELHOPPING
TEAMSPIEL

Alter ab 5 Jahren

Dazu brauchen Sie 1 Teppichfliese für jedes Kind, 1 Klangschale

Die Kinder ordnen ihre Teppichfliesen nah beisammen im Kreis an. Dann stellt sich jeweils ein Kind auf eine Teppichfliese. Sobald Sie die Klangschale anschlagen, rücken alle Kinder eine Position nach links im Kreis herum. Dabei spielt es keine Rolle, ob die Kinder auf die nächste Teppichfliese hüpfen, springen oder einfach durch einen großen Schritt ans Ziel kommen. Maßgebend ist, dass sie auf der nächsten Teppichfliese stehen, sobald der Klang der Schale verklungen ist.

Konnten die Kinder als Team die Aufgabe meistern, geht es beim nächsten Klang wieder einen Platz nach links im Kreis herum. Falls jedoch ein Kind aus irgendwelchen Gründen die nächste Teppichfliese nicht erreichen sollte, gehen alle Kinder wieder auf Ihre Anweisung hin einen Platz zurück. Das Spiel ist beendet, sobald alle Kinder genauso wie zu Beginn zusammen im Kreis stehen.

GEMEINSAMES KUNSTWERK
TEAMSPIEL

Alter ab 3 Jahren

Dazu brauchen Sie 1 Kissen für jedes Kind

Die Kinder sitzen auf ihren Kissen zusammen im Kreis. Zu Beginn legen Sie Ihr Kissen auf irgendeine Weise in den Innenkreis. Gehen Sie nun wieder auf Ihren Platz zurück. Blinzeln Sie einem beliebigen Kind zu. Das betreffende Kind steht auf, nimmt sein Kissen und geht damit in Richtung Innenkreis. Die Aufgabe für das Kind besteht nun darin, das Kissen so anzuordnen, dass dieses mit Ihrem auf irgendeine Weise in Kontakt kommt. Danach geht das ausgewählte Kind wieder auf seinen Platz zurück und blinzelt einem anderen Kind zu, das das Kissen-Kunstwerk mithilfe seines Kissens auf die gleiche Art und Weise fortsetzen darf.
Das Spiel geht immer so weiter, bis alle Kinder stehend einen Kreis bilden und sich somit alle Kissen im Innenkreis befinden. Die Kinder gehen nun langsam Hand in Hand um das große Kissenkunstwerk herum, um es zu bewundern.

VARIANTE

Anstelle der Kissen können die Kinder z. B. auch ihre Hausschuhe ausziehen und für das Spiel so wie oben beschrieben verwenden. Das Spiel ist dann beendet, sobald sich alle Hausschuhe auf irgendeine Art und Weise berühren und dementsprechend alle Kinder ohne Schuhe zusammen im Kreis stehen.

KEINER BLEIBT ALLEIN
TEAMSPIEL

Alter ab 3 Jahren

Dazu brauchen Sie 1 Stoppuhr, evtl. 4 Markierungskegel

Alle Kinder setzen sich nah beieinander auf den Boden. Rufen Sie leise ein beliebiges Kind herbei, das Ihnen die Hand reicht. Das Kind wiederum ruft leise ein weiteres Kind herbei, das ihm die Hand reicht. Auf diese Weise geht es immer weiter, bis alle Hand in Hand zusammen im

Kreis stehen. Wie lange wird es wohl dauern, bis alle dabei auch noch ganz leise sind? Stoppen Sie die Zeit und wiederholen Sie das Spiel mit den Kindern. Ziel ist es, dieses Mal noch schneller und auf ruhige Art und Weise einen großen geschlossenen Kreis bilden zu können.

VARIANTE

Alle Kinder verteilen sich auf einem übersichtlichen Spielfeld, das Sie mithilfe von vier Markierungskegeln kennzeichnen können. Gehen Sie nun auf ein beliebiges Kind zu, um diesem die Hand zu reichen. Das betreffende Kind darf dann mit Ihnen im Schlepptau auf ein weiteres Kind zugehen und diesem die Hand geben. Danach darf das ausgewählte Kind sich gemeinsam mit Ihnen und dem Kind auf die Suche nach einem weiteren Kind machen.
So geht es immer weiter, bis alle Kinder eingesammelt wurden und einen geschlossenen Kreis bilden. Sobald alle zusammen Hand in Hand im Kreis stehen und leise sind, halten Sie die Zeit an, die die Kinder bei einer Wiederholung versuchen als Team zu toppen.

KUGELTANZ AUF DEM TABLETT
TEAMSPIEL

Alter ab 5 Jahren

Dazu brauchen Sie 1 Tablett sowie 1 Murmel oder Holzkugel für jede Kleingruppe, ruhige Entspannungsmusik

Immer drei bis vier Kinder holen sich ein Tablett und eine Murmel oder Holzkugel, die sie auf der Mitte des Tabletts platzieren. Jede Gruppe hebt ihr Tablett mit vereinten Kräften in die Luft.
Zum Rhythmus der Musik bewegt jede Gruppe ihr Tablett sanft hin und her, und zwar so, dass die Kugel möglichst nicht auf den Boden fallen kann. Vielmehr soll die Kugel auf dem Tablett langsam hin und her rollen. Welche Gruppe kann die Kugel auf dem Tablett bis zum Musikende „tanzen" lassen?
Unabhängig davon werden in der nächsten Spielrunde von Ihnen neue Teams gebildet, die dann das Geschicklichkeitsspiel gemeinsam ausprobieren dürfen.

MITEINANDER ORDNUNG SCHAFFEN
TEAMSPIEL

Alter ab 5 Jahren

Dazu brauchen Sie 5–6 Wollknäuel, 1 Stoppuhr, evtl. Hausschuhe der Kinder

Für dieses Geschicklichkeitsspiel benötigen Sie mehrere Wollknäuel, deren Fäden Sie etwas abwickeln und mit den anderen auf irgendeine Art verbinden, z.B. indem Sie die Fäden locker verknoten, umwickeln oder dergleichen. Auf Ihr Startzeichen hin sollen alle Kinder, die um den Tisch herum sitzen, so schnell wie möglich die Fäden wieder entwirren und auf die Knäuel wickeln. Wie lange wird wohl das Tischteam dazu brauchen?

In der nächsten Spielrunde fängt das Spiel mit den Wollfäden von vorne an, jedoch sollen die Kinder die Aufgabe als Team nach Möglichkeit noch schneller meistern.

VARIANTE

Die Kinder ziehen ihre Hausschuhe aus, die sie auf einen Haufen legen. Sie knien sich auf den Boden um diese herum und warten auf Ihr Startkommando. Sobald dieses erfolgt, sollen sie möglichst schnell alle Schuhpaare finden und in einer Reihe nebeneinander aufstellen. Wie viel Zeit wird hierfür wohl benötigt?

In der nächsten Spielrunde erhalten die Kinder die gleiche Aufgabe, jedoch sollen sie nun noch schneller ans Ziel kommen.

MITEINANDER TOLLE MUSIK MACHEN

TEAMSPIEL

Alter ab 5 Jahren

Dazu brauchen Sie Tanzmusik

Die Kinder bilden einen Kreis und überlegen sich, wie sie die Musik begleiten wollen. So können sie z. B. im Takt klatschen, auf den Boden stampfen, auf die Oberschenkel patschen oder sich mit den Händen auf die Schultern klopfen. Der Fantasie sind hierbei keine Grenzen gesetzt. Konnten alle Kinder der Reihe nach im Kreis herum ihren Körper als Instrument zum Einsatz bringen und somit ihre Ideen vorstellen, schalten Sie die Musik ein. Dabei stellen Sie sich als Dirigent in die Kreismitte. Zum Rhythmus der Musik dürfen nun immer die Kinder die Musik mithilfe ihres Körpers als Instrument begleiten, auf die Sie nun nacheinander deuten. Ziel ist es, dass alle Kinder das Musikstück am Ende rhythmisch im Kreis begleiten. Sollte jedoch ein Kind aus dem Takt kommen, fängt das Spiel ausgehend von einem anderen Kind wieder von vorne an.

SICH GEMEINSAM AUF DEN WEG MACHEN

TEAMSPIEL

Alter ab 4 Jahren

Dazu brauchen Sie 1 Turnbank, 4 Sicherheits-Fallschutzmatten

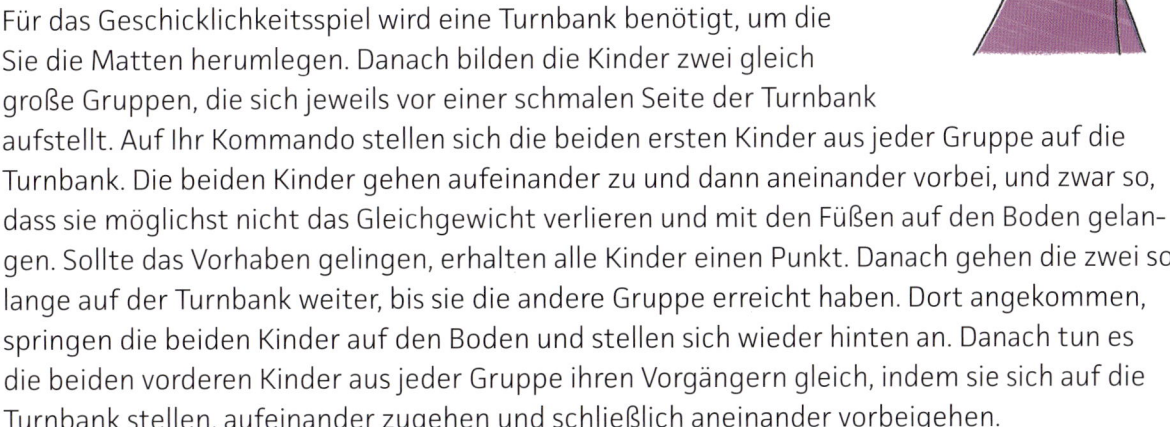

Für das Geschicklichkeitsspiel wird eine Turnbank benötigt, um die Sie die Matten herumlegen. Danach bilden die Kinder zwei gleich große Gruppen, die sich jeweils vor einer schmalen Seite der Turnbank aufstellt. Auf Ihr Kommando stellen sich die beiden ersten Kinder aus jeder Gruppe auf die Turnbank. Die beiden Kinder gehen aufeinander zu und dann aneinander vorbei, und zwar so, dass sie möglichst nicht das Gleichgewicht verlieren und mit den Füßen auf den Boden gelangen. Sollte das Vorhaben gelingen, erhalten alle Kinder einen Punkt. Danach gehen die zwei so lange auf der Turnbank weiter, bis sie die andere Gruppe erreicht haben. Dort angekommen, springen die beiden Kinder auf den Boden und stellen sich wieder hinten an. Danach tun es die beiden vorderen Kinder aus jeder Gruppe ihren Vorgängern gleich, indem sie sich auf die Turnbank stellen, aufeinander zugehen und schließlich aneinander vorbeigehen.

Das Spiel ist aus, sobald beide Gruppen ihre Seiten wechseln konnten und alle Kinder wieder so wie am Anfang hintereinander in ihrer Gruppe stehen. Wurde mehr als die Hälfte der möglichen Punktzahl erreicht, haben alle Kinder das Spiel mit Bravour gemeistert. Ansonsten probieren sie das Spiel einfach noch einmal aus, mischen jedoch die Reihenfolge zuvor durch.

UNSER FLIEGENDER TEPPICH
TEAMSPIEL

Alter ab 3 Jahren
Dazu brauchen Sie 3–4 Decken, 1 Klangschale

Zu Beginn breiten Sie drei bis vier Decken auf dem Boden aus, um die die Kinder auf Ihre Anweisung hin spazieren gehen dürfen. Das geht so lange, bis Sie die Klangschale erklingen lassen und Folgendes sagen:

„Alle Teppiche im Raum fliegen gleich los!
Wie viele passen auf die Teppiche bloß?"

Daraufhin sollen sich alle Kinder auf die zur Verfügung stehenden Decken setzen, und zwar so, dass kein Kind auf irgendeine Weise den Boden berührt. Zudem sollen sich die Kinder leise einigen, wer von ihnen am besten wo sitzen kann. Ziel ist es, dass sich alle Kinder auf den fliegenden Teppichen bzw. Decken verteilen. Dabei spielt es keine Rolle, wie viele Kinder sich letztendlich auf den einzelnen Decken befinden.
Unabhängig davon fängt das Spiel dann von vorne an. Dieses Mal jedoch dürfen sich die Kinder auf Ihre Anweisung hin im Schneidersitz auf die Decken setzen oder sich einfach daraufstellen und dabei umarmen.

VEREINT INS ZIEL
TEAMSPIEL

Alter ab 5 Jahren
Dazu brauchen Sie jeweils 1 Gymnastikreifen für jedes Paar, 1 Handtrommel

Die Kinder bilden Paare. Jedes Paar holt sich jeweils einen Gymnastikreifen und legt ihn auf den Boden. Dann stellen sie sich gemeinsam Hand in Hand in ihren Reifen. Sobald Ihr Kommando „Teamplatzwechsel!" erfolgt, verlassen alle Paare ihren Reifen, um sich einen neuen zu suchen. Dabei geben Sie mithilfe der Handtrommel das langsame Bewegungstempo vor. Schaffen es alle Paare, sich Hand in Hand im Rhythmus des Trommelspiels zu bewegen und in einen neuen Reifen zu stellen? Falls ja, haben sie die Aufgabe mit Bravour gemeistert. Ansonsten probieren sie das Spiel einfach noch einmal aus.
Sobald alle Paare mehrmals erfolgreich miteinander ihre Plätze tauschen konnten, ist das Spiel mit den Reifen beendet.

VERRÜCKTES KARUSSELL
TEAMSPIEL

Alter ab 4 Jahren
Dazu brauchen Sie 1 Handtrommel

Die Kinder bilden einen möglichst engen Stuhlkreis, und zwar so, dass die Stuhllehnen in Richtung Kreismitte zeigen. Jedes Kind macht es sich auf seinem Stuhl bequem. Danach erfolgt durch Sie ein leiser Trommelwirbel und ein Kommando, z. B. „Füße in die Luft strecken!". Nun sollen alle Kinder rasch ihre Füße in die Luft strecken. Machen Sie nun eine Faust und strecken ausgehend vom Daumen nacheinander drei Finger aus. Passend dazu zählen Sie langsam bis drei. Strecken immer noch alle Kinder ihre Füße in die Luft, dann dürfen sie jeweils einen Platz nach links im Kreis herum wechseln. Ansonsten bleiben alle Kinder einfach sitzen.
Danach trommeln Sie wieder leise vor sich hin und teilen den Kindern ein neues Kommando mit, das folgendermaßen lauten kann: „Im Schneidersitz hinsetzen!" Wenn Sie bis drei gezählt haben, sollten dann alle Kinder so dasitzen. Sollte das Vorhaben gelingen, dürfen sie wieder einen Platz nach links im Kreis herumrutschen und von dort aus eine neue Aufgabe erfüllen.
Das Spiel ist aus, sobald alle Kinder wieder auf ihren Ausgangsplätzen im Kreis sitzen.

VIELE HÄNDE UND EIN ZIEL
TEAMSPIEL

Alter ab 4 Jahren
Dazu brauchen Sie 1 Stoppuhr

Alle Kinder sitzen zusammen an einem Tisch. Ein beliebiges Kind beginnt und legt seine rechte Hand auf die Tischplatte. Jetzt läuft die Spielzeit und das Kind benennt ein anderes Kind, das nun wiederum seine rechte Hand darauflegen darf. Im Anschluss daran benennt das zweite Kind das nächste, das nun seine rechte Hand auf die Hände legen soll. Alternativ kann es auch das erste Kind aufrufen, das seine freie linke Hand auf die anderen Hände legt. Anschließend benennt das zuletzt ausgewählte Kind ein weiteres Kind, das das Handspiel fortsetzen darf. Das Spiel ist beendet, wenn alle Hände aufeinanderliegen. Sollte ein Kind seine Hand jedoch vorzeitig wegziehen, dann fängt das Spiel von vorne an. Sobald die Aufgabe geschafft wurde, stoppen Sie die Zeit. Die Kinder wiederholen nun das Handspiel in der Hoffnung, das Ganze noch schneller beenden zu können.

ZUSAMMENHALT TROTZ TURBULENZEN
TEAMSPIEL

Alter ab 5 Jahren
Dazu brauchen Sie 1 Sport- und Therapiekreisel,
1 Kiste mit Bauklötzen

Die Kinder setzen sich um den Kreisel herum. Stellen Sie ihnen nun eine Kiste mit Bauklötzen zur Verfügung, deren Inhalt die Kinder auf irgendeine Weise auf den Kreisel legen dürfen, und zwar so, dass kein Bauklotz, der bereits auf dem Kreisel liegt, wieder auf den Boden fallen kann. Das ist kein leichtes Unterfangen, da die Kinder sich aufeinander einlassen und während der Bauphase auch miteinander in Dialog treten müssen, damit sie erfolgreich das von Ihnen gesteckte Ziel erreichen können. Sollten sie jedoch irgendwann Bedenken haben und der Meinung sein, dass nicht alle Bauklötze auf den Kreisel gestellt werden können, hören sie einfach auf. In diesem Fall zählen Sie die Bauklötze, die sich gerade auf dem Kreisel befinden. Danach wiederholen die Kinder das Spiel, in der Hoffnung, dass sie nun noch mehr oder gar alle Bauklötze auf dem Kreisel platzieren können.

WIR VERBINDEN UNS

TEAMSPIEL

Alter ab 5 Jahren
Dazu brauchen Sie 1 Wollknäuel

Die Kinder stellen sich nicht zu weit voneinander entfernt auf. Holen Sie sich nun ein Wollknäuel und gehen Sie auf Zehenspitzen und ohne dabei ein Wort zu sagen in Richtung eines Kindes. Während Sie nun dem betreffenden Kind das Wollknäuel übergeben, halten Sie das Schnurrende fest und bleiben stehen. Das Kind wickelt ein Stück Faden ab und geht dann mit dem Wollknäuel in der Hand ebenfalls auf Zehenspitzen auf ein anderes Kind zu, um diesem das Wollknäuel zu übergeben. Während nun das Kind stehen bleibt und ein Stück des Fadens fest in den Händen hält, wickelt das dritte Kind ein weiteres Stück der Wolle ab und geht dabei auf Zehenspitzen und wortlos ebenfalls mit dem Knäuel in der Hand auf ein neues Kind zu.
Das Spiel geht so immer weiter, bis alle Kinder durch die Wolle miteinander verbunden sind.

VARIANTE

Im Gegensatz zum vorherigen Spiel teilen Sie dem Kind, das gerade das Wollknäuel in den Händen hält, ein weiteres Kind per Fingerzeig mit, das noch keinen Faden in den Händen hält. Das Kind geht dann auf das betreffende Kind zu, um diesem das Wollknäuel zu überreichen. Werden die Kinder die Aufgabe als Team meistern, ohne dabei zu sprechen? Ansonsten fängt das Spiel ausgehend von einem anderen Kind von vorne an.

WERTVOLLE TIPPS UND ANREGUNGEN

WAS SIE SONST NOCH TUN KÖNNEN, UM DIE LAUTSTÄRKE ZU REDUZIEREN

Es werden nun Möglichkeiten in einer willkürlichen Reihenfolge zur Verbesserung der Raumakustik vorgestellt, die Sie jederzeit ergänzen und erweitern können und die Sie darin unterstützen sollen, Lärm in den Innenräumen zu reduzieren. Dabei wird zunächst auf mögliche Lärmquellen eingegangen, die Sie selbst beseitigen können.

Im nächsten Schritt werden die Möglichkeiten zur Lärmreduzierung auf organisatorischer Ebene erörtert, damit es im Gruppenraum, aber auch am Mittagstisch nicht zu laut wird. Nicht zuletzt ist das Verhalten des Einzelnen ausschlaggebend dafür, ob es eher ruhig oder laut in der Gruppe zugeht. Dabei spielen vor allem auch ausreichende Ruhephasen und die richtigen Angebote eine zentrale Rolle, die unter den Möglichkeiten einer effizienten Lärmreduzierung auf pädagogischer Ebene beschrieben werden.

GRUPPENRAUM

MÖGLICHKEITEN ZUR VERBESSERUNG DER RAUMAKUSTIK

1. **Schaumstoffbausteine** in verschiedenen Größen und Farben sind für Spiel- und Bewegungslandschaften zum Krabbeln, Kriechen, Klettern, Hüpfen und vieles mehr besonders geeignet, da sie weich und angenehm sind und zudem das Scharren am Boden verhindern.

2. **Schwer entflammbare Textilien** bzw. sogenannte weiche Einrichtungsgegenstände wie Vorhänge aus besonders dichtem Gewebe, aber auch Sitzpolster und Wandbehänge im Gruppenraum dämmen laute Geräusche und steigern das Wohlbefinden.

3. **Spielzeugkisten mit Filzboden** schauen nicht nur hübsch aus, der Filz dämmt auch Krach beim Ein- und Ausräumen von Spielsachen.

4. **Tischsets aus Stoff** dämpfen am Frühstücks- und Mittagstisch die Geräusche, die bei der Handhabung des Geschirrs entstehen können.

5. **Filzgleiter an beweglichem Mobiliar** wie z. B. Sesseln und Tischen reduzieren hervorragend den Lärm.

6. **Anschlagdämpfer** verringern den Lärm z. B. beim Öffnen von Schränken mit Schubladen und Türen.

7. **Teppiche**, die rutschfest verlegt werden müssen, vermeiden Geräusche beim Gehen und Spielen. So z. B., wenn ein Spielzeug auf den Boden fällt.

8. **Offene Regale** durchbrechen glatte Wandstrukturen und verhindern ein Ausbreiten des Schalls.

9. **Raumteiler** zur Gestaltung von Spielbereichen sind nicht nur ein guter Sicht-, sondern auch ein hervorragender Schallschutz.

10. **Schallschluckende Decken**, die z. B. mit Deckensegeln, Würfeln oder Baffeln ausgestattet sind, verhelfen zu einer guten Raumakustik.

11. **Schallschluckende Wände**, die z. B. aus schallabsorbierenden Paneelen bestehen, die es übrigens auch in verschieden Farben gibt, tragen insbesondere bei Gruppenräumen mit hohen Decken und glatten Wänden zu einer Verbesserung der Raumakustik bei.

12. **Möbel mit perforierten Fronten** sind zwar nicht ganz so kostengünstig, absorbieren den Schall jedoch weitaus besser als Möbel mit glatten Oberflächen. Die Löcher sind zum Glück so klein, dass die kleinen Finger der Kinder nicht eingeklemmt werden können.

ORGANISATION

MÖGLICHKEITEN EINER EFFIZIENTEN LÄRMREDUZIERUNG AUF ORGANISATORISCHER EBENE

1. **Rückzugsmöglichkeiten** schaffen mithilfe von abgetrennten Raumbereichen, aber auch durch Ecken, Nischen oder Höhlen, die die Kinder jederzeit zum Verschnaufen und Entspannen aufsuchen können.

2. **Leuchtkörper nutzen**, die beruhigend wirken und gezielt in Ruhebereichen eingesetzt werden können.

3. **Laute und leise Spielbereiche trennen**, damit Kinder z. B. im Ruhebereich leichter entspannen und sich in der Leseecke ganz konzentriert auf ein Bilderbuch einlassen können.

4. **Freiflächen zwischen den einzelnen Spielbereichen schaffen**, damit die Kinder sich frei bewegen können und somit keine Enge entsteht, die z. B. zu unnötigen Reibereien und Konfliktsituationen führen kann.

5. **Funktionsräume schaffen** wie z. B. einen Kreativbereich, eine Bewegungslandschaft und einen Bau- und Konstruktionsplatz. So werden Sie den Bedürfnissen der Kinder gerecht und verhelfen dazu, dass nicht alles zwangsläufig in einem Gruppenraum stattfinden muss.

6. **Weitere Flächen im Innenbereich nutzen**, z. B. Flure und Bewegungsräume zum Spielen und für Aktionen. Auf diese Weise lässt sich die Kinderzahl in verschiedenen Bereichen kleinhalten, sodass sich die einzelnen Kinder weniger gestört fühlen und sich besser auf eine Sache einlassen können. Die Fluchtwege müssen jedoch stets freigehalten werden.

7. **Garten nutzen**, und zwar so, dass jedes Kind jederzeit die Möglichkeit hat, seinem Bewegungsdrang nachzugehen.

8. **Spiel- und Lernmaterialien mit bestimmter Materialbeschaffenheit nutzen**, z. B. Schaumstoff-Punktewürfel bzw. Flüsterwürfel für Stuhlkreis- und Tischspiele, Softbälle, Softkegel und Dosen aus Hartschaumstoff im Bewegungsraum.

9. **Vielseitig verwendbare Materialien einsetzen**, z.B. Naturhölzer, Decken und Softbälle, die die Fantasie und Kreativität anregen und somit Kinder zu einem intensiven Spiel veranlassen, sodass sie nicht ständig ihre Spielbereiche wechseln.

10. **Bring- und Abholzeiten vereinbaren**, sodass die Kinder in aller Ruhe ihre Sachen beenden und nicht einfach aus ihrem Tun herausgerissen werden. Auf diese Weise werden ein pausenloses Kommen und Gehen verhindert und Zeiten gewährleistet, die nur für die Kindergruppe bestimmt sind.

11. **Übergänge schaffen**, z.B. ein Fingerspiel durchführen oder ein Lied singen kurz vor einer Theateraufführung oder dergleichen, damit die Kinder nicht zu lange warten müssen und dabei zu unruhig und laut werden.

12. **Stoßlüften** führt dazu, dass die Kinder mit genügend Sauerstoff im Raum versorgt werden, weniger krank, müde und quengelig werden und sich leichter auf eine Sache konzentrieren können.

PÄDAGOGISCHES KONZEPT
MÖGLICHKEITEN EINER EFFIZIENTEN LÄRMREDUZIERUNG AUF PÄDAGOGISCHER EBENE

1. **Sich selbst reflektieren** und sich dabei darüber bewusst werden, inwieweit Sie selbst durch Ihr eigenes Verhalten die Gruppe in ihrem Tun stören. Das kann z.B. der Fall sein, wenn Sie im Gruppenraum telefonieren und dabei vielleicht etwas lauter sprechen, um die Kinder zu übertönen.

2. **Pädagogen haben eine Vorbildfunktion** und prägen ebenso wie Eltern und andere Bezugspersonen das Verhalten der Kinder. Indem Sie z.B. selbst in Stresssituationen nicht gleich den Überblick verlieren und ungehalten reagieren, lernen die Kinder positive Verhaltensweisen kennen, die von ihnen in ähnlichen Situationen dann auch nachgeahmt werden können.

3. **„Der Ton macht die Musik"**, sagt der Volksmund. Das soll in Bezug auf Lärmreduzierung heißen, dass Sie selbst allein schon durch die Art und Weise, wie sie mit Kindern sprechen, viel Positives erreichen können. Dabei kommt es vor allem auf den Tonfall, die Lautstärke, die Freundlichkeit und das aktive Zuhören an, um z.B. ein bestimmtes Ziel zu erreichen.

4. **Gruppenregeln**, die gemeinsam beschlossen wurden und für alle Kinder nachvollziehbar und handhabbar sein müssen, sind für ein gutes Miteinander unerlässlich. Dennoch sollten die Gruppenregeln von Zeit zu Zeit überprüft und gegebenenfalls der aktuellen Situation angepasst werden. Es sollte auch Gesprächsregeln geben, damit die Kinder u.a. wissen, wie sie ruhig miteinander in Dialog treten und dabei auch ihre Konflikte friedlich regeln können.

5. **Rituale geben Halt und Sicherheit** und führen dazu, dass die Kinder sich z.B. jeden Tag aufs Neue auf ein Begrüßungslied im Morgenkreis, einen Tischspruch oder das Händereichen vor dem Mittagessen freuen dürfen. Auf diese Weise entstehen viel mehr Ruhe und Gelassenheit.

6. **Aufeinander zugehen** anstatt sich gegenseitig im Gruppenraum Botschaften zuzurufen. Das ist zwar etwas anstrengender, trägt jedoch deutlich zur Lärmreduzierung bei. Das kann übrigens auch eine Gruppenregel sein, die Sie gemeinsam mit den Kindern vereinbaren können.

7. **Nonverbale Kommunikation** wird viel zu wenig bewusst im pädagogischen Alltag eingesetzt. Anstelle „Stopp!" zu rufen, können Sie z. B. ein Handzeichen vereinbaren oder den Daumen hochheben, sobald etwas besonders gut geklappt hat. Es gibt unzählige Beispiele dafür, wie Sie gemeinsam mit Kindern auch ohne (viele) Worte einfach und schnell kommunizieren können.

8. **Ruheerlebnisse fördern**, indem Sie verschiedene Stilleübungen, Ruhespiele & Co. in den pädagogischen Alltag integrieren, bei denen die Kinder die Stille als etwas Positives erleben und dabei die Ruhe genießen.

9. **Empathie und Verständnis fördern**, indem Sie den Kindern bewusst machen, dass Lärm unterschiedlich empfunden werden kann. Das kann z. B. der Fall sein, wenn Sie sich selbst oder gar ein paar Kinder unwohl und krank fühlen. Auf diese Weise können alle gut verstehen, weshalb der eine oder andere aus der Gruppe gerade lärmempfindlicher sein kann und somit etwas mehr Zeit und Ruhe braucht.

10. **Konflikte von Kindern begleiten**, jedoch nicht vorschnell eingreifen, sodass die Kinder auch selbst die Möglichkeit erhalten, ihre Konflikte friedlich zu regeln, was sich wiederum positiv auf die Lärmreduzierung auswirkt. Ausgenommen ist jedoch, wenn es zu körperlicher und psychischer Gewalt kommt und somit ein sofortiges Handeln Ihrerseits erforderlich ist.

11. **Ruhepausen im Tagesablauf signalisieren**, indem Sie vereinbarte Zeichen oder Klänge zum Einsatz bringen. Auf diese Weise weiß jedes Kind sofort Bescheid, dass nun eine Verschnaufpause zum Entspannen, Träumen und Genießen folgt.

12. **Effektive Fünf-Minuten-Pausen für das Personal** tun gut und beugen Müdigkeit vor, sodass Sie danach viel konzentrierter weiterarbeiten können. Sollte dies aus verschiedenen Gründen nicht so ohne Weiteres möglich sein, haben Sie als Team vielleicht stattdessen die Möglichkeit, in festgelegten Intervallen zwischen den lauter und leiser verlaufenden Spielbereichen zu wechseln.

DIE AUTORIN

Andrea Erkert ist Erzieherin, Entspannungspädagogin und Fachlehrerin einer Grundschulförderklasse. Sie verfügt über mehrjährige Berufserfahrung als Leiterin eines fünfgruppigen Kindergartens. Seit über 25 Jahren bietet sie praxisnahe Fortbildungen und Elternabende in Kindergärten und Schulen u. a. zu den Themen „Von klein auf fit und entspannt", „Teamspiele für Kinder" und „Förderung exekutiver Funktionen" im In- und Ausland an.
Mit ihrer Familie lebt sie in der Nähe von Stuttgart. Die Autorin hat bereits zahlreiche spielpädagogische Bücher veröffentlicht, von denen die meisten in mehrere Sprachen übersetzt wurden. Inzwischen gehören sie zum Standard in vielen Kinderkrippen, Kitas und Grundschulen.

Anfragen für Elternabende und Fortbildungen richten Sie bitte an:
andrea.erkert@icloud.com

Bibliografische Information der Deutschen Bibliothek
Die Deutsche Bibliothek verzeichnet diese Publikation in der Deutschen Nationalbibliografie; detaillierte bibliografische Daten sind im Internet über http://dnb.ddb.de abrufbar.

1. Auflage 2022

Texte: Andrea Erkert
Illustrationen: Ilka Röhling
Druck und Bindung: ADverts Printing House

ISBN 978-3-7806-5173-0